W0084451

Florence Besson
Eva Amor
Claire Steinlen

L'amour toujours

Florence Besson
Eva Amor
Claire Steinlen

L'amour toujours

Was wir von Französinnen über
die Liebe lernen können

Aus dem Französischen
von Simone Jakob und Stefanie Jacobs

ullstein extra

»I love Paris every moment
of the year ...
because my love is near«

Ella Fitzgerald

Vorwort

Früher traf man in der Metro auf Wahrsager, die einem ewige Liebe, Reichtum und das Blaue vom Himmel versprachen. Das werden wir in diesem Buch nicht tun. Wir haben zwar hohe Ansprüche (schließlich sind wir Pariserinnen!), aber Ihnen zu erklären, wie man die perfekte SMS schreibt, mit der man ihn in den Wahnsinn treibt, gehört nicht dazu. Nein, wir lieben die Romantik, die junge Liebe, die im Frühling in Paris ihren Anfang nimmt. Für einen Tag oder für das ganze Leben: Man liebt genauso wie man trinkt und singt, hemmungslos, mit klopfendem Herzen, strahlenden Augen und ohne einen Gedanken an morgen zu verschwenden. Auf den folgenden Seiten wollen wir die Freude feiern, das Leben, das Liebemachen und das Lachen. Wir wollen Foucault zitieren, aber auch Pascal Obispo. Also keine magischen Patentrezepte, sondern gesunder Menschenverstand! Hier finden Sie echte, nützliche Tipps, von unzähligen Pariserinnen erprobt. In Teil eins geht es darum, sich zu amüsieren, in Teil zwei darum, sich näher kennenzulernen und in Teil drei um langjährige Beziehungen; es gibt 120 Themen, Dutzende Tricks und Kniffe, widerlegte Klischees, Adressen und Listen, um Ihre Liebesbeziehung zu zelebrieren – und Paris, die Stadt der Liebe.

»Bedauernswert die Schwalbe, die nur im Frühling küsst«, sagt Ninon de Lenclos. Das könnte einer Pariserin nie passieren! Für sie gibt es keine Tabus, keine Moral, ihr Leben ist ein Abenteuer, das sie in vollen Zügen auskostet.

Die Stärke der Pariserin ist ihre Fantasie. Ihre Eleganz ihre Leichtigkeit. Sie hat den Mut, alle Frauen zugleich zu sein, Amazone wie Romantikerin, Marie-Antoinette genauso wie Brigitte Bardot oder Sophie Marceau. Stets bereit für eine neue Eskapade.

Denn in Paris kennt man sich aus mit der Liebe. Kaum ein Pflasterstein, der keine Erinnerung an ein klopfendes Herz birgt. Von *Außer Atem* bis zu *Der letzte Tango in Paris,* oder *Die Kameliendame* ... Kaum eine Straße, die nicht zum Schauplatz echter oder erdachter Geschichten über große Leidenschaften wurde. Hier trägt jede Passantin Erinnerungen an vergangene Wonnen in sich. Hier, so schrieb Baudelaire, ist immer »l'heure de s'enivrer de vin, de poésie, de vertu ... « – »Zeit, sich zu berauschen, ohne Ende; mit Wein, mit Poesie oder mit Tugend ...« –, aber auch mit Freiheit und Küssen. Und diese vielen Erinnerungssplitter haben wir als Quelle der Inspiration für Sie zusammengetragen.

Ja, wir in Paris sind alle Liebende. Selbst in unseren dunkelsten Stunden. Egal ob wir sorglos durchs Leben gehen oder gerade Liebeskummer haben. Liebe ist, wie Truffaut sagt, »Freude und Leid zugleich«. Aber natürlich ist es besser, von Letzterem nicht allzu viel zu erleben. Darum ist genau unser Ziel: Ihnen zu helfen, das Leben durch die rosarote Brille zu betrachten – *de voir la vie en rose.*

Florence Besson

Vergnügen für einen Tag

Ein Abend mit einem Italiener, den Sie am Ufer der Seine getroffen haben und der Ihnen zärtliche Dinge ins Ohr flüstert, drei heiße Sommertage mit einem Arbeitskollegen im Büro, eine verrückte Stunde mit dem Ex am helllichten Nachmittag oder eine Woche mit einem Fremden, der Ihr Herz höher schlagen lässt...

Single sein in Paris? Da wird das ganze Leben zum Abenteuer. Ein Tag oder eine Nacht voller Erotik, die Stoff für eine Postkarte oder einen Roman bieten. Egal, welche Art von Liebesgeschichte sich anbahnt, die Hauptsache ist, dass sie Sie glücklich macht. Dass Sie sich Hals über Kopf hineinstürzen, halb Straßengöre, halb Kurtisane, romantisch, aber immer mit Raffinesse, Freiheit und Freude, draufgängerisch und pragmatisch zugleich. Kurz, genauso wie man in Paris Auto fährt: vielleicht etwas chaotisch, aber immer mit Aplomb!

Wie kann man sie sich also zu eigen machen, diese spezielle Pariser Art zu lieben, sei es beim One-Night-Stand mit einem Unbekannten, beim gemeinsamen Abendessen, bei den ersten mehr oder weniger gelungenen Nächten, dem Anruf danach, beim Sexting und den unausweichlichen Fauxpas? Setzen Sie sich in ein Straßencafé, bestellen Sie sich ein Glas Wein oder Aprikosensaft, und genießen Sie dieses Kapitel für Singles, so wie man den Anfang einer Liebesbeziehung genießt. Das Leben ist schön, und Sie sind es ebenfalls!

Wollen Sie, oder wollen Sie nicht?

Manchmal haben wir das Gefühl, dass uns das Rezept für die Liebe fehlt. Dass wir einfach nicht wissen, wie das geht, einen Mann zu finden – und sei es auch nur einen, der halbwegs okay ist –, und dass das Ganze einfach viel zu kompliziert ist, wie eine geschnürte Lammkeule oder selbstgemachte Mayonnaise. Wir fragen uns, wie verkorkst wir sind, weil wir den tätowierten Bad Boy dem Zahnchirurgen vorziehen, und wir ertappen uns dabei, wie wir trübselig am Ufer der Seine entlangschlendern, die knutschenden Pärchen auf den Bänken beneiden und »Tous les garçons et les filles de mon âge se promènent dans les rues deux par deux« – alle Jungs und Mädchen in meinem Alter spazieren zu zweit durch die Straßen – von Françoise Hardy summen. Denn wir träumen immer noch von der großen, der wahren, der einzigen Liebe.

Tatsächlich? Die erste Regel in der Liebe lautet: Horchen Sie in sich hinein. Fragen Sie sich, was Sie wirklich wollen. Manchmal hat man einfach nur Lust, sich zu amüsieren. Tun Sie es ohne schlechtes Gewissen. Paris ist wie dafür geschaffen.

Und wenn Sie wirklich von der großen Liebe träumen? Achtung! Man kann sich einlassen, mit wem man will und so oft man will, aber wie sagt ein französisches Sprichwort: Man heiratet nur jemanden aus seiner Straße. Also geben Sie sich weder in Bezug auf ihn noch auf sich der Selbsttäuschung hin: Wenn Sie Belleville mit seinen Künstlerkneipen lieben, verschwenden Sie Ihre Zeit nicht damit, vom König des Plaza Athénée Hotel zu träumen!

Die Goldene Regel: Erkennen Sie sich selbst! Hören Sie auf, sich mit anderen zu vergleichen. Trauen Sie sich, Sie selbst zu sein. Mit all Ihren Widersprüchen, Macken und seltsamen Vorlieben. Schauen Sie sich Ihre verheirateten Freundinnen an, die sich für Männer entschieden haben, deren Charme Ihnen verborgen bleibt: Was nützt einem der perfekte Mann, wenn er einen nicht glücklich macht?

So macht's die Pariserin:
JEAN-PAUL IST SCHULD

Ja, wir fangen mit Jean-Paul an, aber nicht Belmondo, sondern Sartre! Denn der Philosoph hat gesagt: »Die Existenz geht der Essenz voraus.« Das bedeutet sehr, sehr grob gesagt: Wenn Sie sich genau ansehen, was Sie glücklich macht und an welchen Orten Sie sich wohl fühlen, dann wissen Sie, wer Sie sind (und wer Ihnen gefällt)! Und wenn das irgendwem nicht passt, schieben Sie es auf Jean-Paul Sartre.

Ich habe vergessen, wie man jemanden aufreißt ...

Umso besser! Sie wollen ja in der Cocktailbar nur etwas trinken, nicht auf Teufel komm raus Jean Gabin in *Hafen im Nebel* spielen und Sprüche wie »Du hast schöne Augen« loslassen. Natürlich kann man Ihnen nicht oft genug raten, Ihre Komfortzone (und Ihr Arrondissement!) zu verlassen und die berühmten Worte zu beherzigen, die Danton während der Französischen Revolution gesagt hat: »Kühnheit, Kühnheit und nochmals Kühnheit!«, aber lassen Sie sich davon nicht verrückt machen: Der klügste Rat, für Männer wie für Frauen, lautet, sich von Illusionen frei zu machen. Es ist und bleibt das Beste, wenn Sie sich ansprechen lassen.

Männer sind primitiv? Ja, aber das ist eine gute Nachricht, denn Sie sind es auch. Wir sind im Grunde nichts anderes als zwei homo pseudo-erectus, die es kaum erwarten können, das Feuer zu entdecken ... Lassen Sie ihn in dem Glauben, er sei derjenige, der den ersten Schritt gemacht hat, auch wenn Sie das Ganze in die Wege geleitet haben.

Die Goldene Regel: Keine Anmache. Ein paar vielsagende Blicke, ein Lächeln, ein Zurückstreichen der Haare, mehr nicht. Auch wenn Sie ansonsten eine unabhängige, selbständige Frau sind, dieses eine Mal lassen Sie dem Mann den Vortritt und spielen das Spiel mit. Das ist die Grundlage für alles Folgende!

So macht's die Pariserin:
NOTRE-DAME VON HINTEN

Haben Sie Notre-Dame schon mal von hinten bewundert? Überqueren Sie die Pont de l'Archevêché und lassen Sie sich von dem Bauwerk verzaubern, von den geschwungenen Bögen, den Seitenschiffen, den Gewölberippen, den Säulen, den Widerlagern, die bis zur Fiale hinaufreichen, und den Turmspitzen! Ein wesentlich beeindruckenderer Anblick als die Frontfassade mit ihren Reliefs und Fensterrosen. Welche Lehre können wir daraus für unsere eigene Wirkung ziehen? Wir tun es der alten Dame gleich: Wir drehen dem Mann den Rücken zu und lassen uns von hinten bewundern. (Nur, um uns gleich darauf wieder umzudrehen.)

Wo findet man ihn?

Überall dort, wo Sie sich wohl fühlen. Sie wollen nur ein unvergessliches Abenteuer für eine Nacht? Angeln Sie sich den leidenschaftlichen Touristen auf dem Eiffelturm, den schönen Studenten im Jardin du Luxembourg oder den Fußballstar auf der Couch des glamourösen Clubs.

Und wo finden Sie den Richtigen? Oder vielmehr einen der Richtigen, denn wir lehnen die Vorstellung ab, dass es nur einen passenden Repetto für unseren Fuß gibt! Er ist oft ganz in der Nähe, vielleicht steht er sogar direkt neben Ihnen. An der Bushaltestelle, in der Heimwerker-Abteilung des Bazar de l'Hôtel de Ville oder am Ausgang des Montana, während Sie aufs Taxi warten. Zu einer echten Begegnung gehören, wie Ihnen jeder Psychologe bestätigen wird, immer drei: er, Sie und ein soziales Umfeld, das Ihnen beiden vertraut ist. Sonst hinterlässt sie keinen Eindruck und wird sofort wieder vergessen. Also halten Sie die Augen offen, die vermeintlich rare Spezies Mann ist meist nicht allzu weit entfernt.

Die Goldene Regel:

Seien Sie überall sexy! Im Bistro, im Kino, im Feinkostladen, auf dem Flughafen. Immer cool, auf alles vorbereitet. Genau daran erkennt man die Pariserin. Also keine UGG-Boots und Glitzertops, sondern ein schlichter, verführerischer Look, der beim Gang zum Bäcker ebenso funktioniert wie auf dem Weg zum siebten Himmel. Coco Chanel pflegte zu ihren Näherinnen zu sagen: »Meine Liebe, gehen Sie nie aus dem Haus, ohne perfekt gekleidet zu sein, denn vielleicht ist heute der Tag, an dem Ihnen die Liebe Ihres Lebens über den Weg läuft!«

Cherchez l'homme

In Frankreich ist nichts unmöglich. Aber machen wir es uns nicht allzu schwer: Man sucht keinen Hipster im Quartier de la Muette und keinen Bankier in der Rue de Bretagne. Hier eine kleine Pariskarte, um auf die Schnelle fündig zu werden!

1. Arrondissement: ein Twitter-König | ein distinguierter älterer Anwalt | ein Promi

2. Arrondissement: ein promiskuitiver Immobilienmakler, der von einer großen Familie träumt | ein DJ, zurzeit hauptberuflich Verkäufer für Herrenmode bei AMI | ein Modefotograf

3. Arrondissement: ein unreifer Journalist, der sich ja gern fest binden würde ... aber nicht so recht weiß ... und irgendwie ... | ein Amerikaner über Airbnb

4. Arrondissement: ein bisexueller Bühnenbildner | ein linker Politiker, der seinen Wohlstand geschickt zu verbergen weiß | ein halbwegs bekannter Trainer

5. Arrondissement: ein geschiedener Literaturprofessor, der seinen Kindern die Dinosaurier im Jardin des Plantes zeigt ... und selbst ein Dinosaurier ist | jemand aus der Filmbranche | ein Student, der in einer WG lebt

6. Arrondissement: ein Schriftsteller, der sich gern in den Spiegeln im Café de Flore betrachtet | ein Verleger, der Literatur liebt | ein junger Absolvent einer Eliteschule, der schon kahl ist

7. Arrondissement: ein Wirtschaftsanwalt, vielleicht verheiratet, auf jeden Fall mit BlackBerry | ein italienischer Sammler | ein neureicher Journalist

8. Arrondissement: ein ehemaliger Produzent, der jetzt ein bisschen auf Clubbesitzer macht, die Frauen liebt und schon diverse Kinder hat | ein Gigolo | ein Typ, der eine Disco eröffnet hat, die, man weiß zwar nicht genau wie, Gewinn abwirft

9. Arrondissement: ein junger Restaurator frisch aus dem Baskenland, gutaussehend, ungebunden, temperamentvoll, aber auch heißbegehrt | ein Trendsetter, liiert, aber das kann sich schnell ändern | ein Pianist

10. Arrondissement: ein Politaktivist, der mit seiner Sache verheiratet ist und mit jeder, die nicht bei drei auf den Bäumen ist | ein Soziologe, der Sie mit seinem Gerede über Bourdieu nervt | ein Notarssohn auf Abwegen

11. Arrondissement: ein Student, der viel Geld und Sex braucht | ein alleinstehender Vater, der viel über Geld und Sex redet | ein ehemaliger Kandidat von »Top Chef«

12. Arrondissement: ein netter Zahnarzt | ein Jazzmusiker | ein Rentner, der die Schwäne im Bois de Vincennes liebt

13. Arrondissement: ein netter, alleinstehender Hypnotiseur, der Ihnen dabei helfen kann, endlich mit dem Rauchen aufzuhören | ein Assistenzarzt aus dem Val-de-Grâce | ein Komponist mit Haus auf dem Butte aux Cailles, der dank seines größten Hits ausgesorgt hat

14. Arrondissement: ein Barkeeper, der tagsüber viel freie Zeit hat | ein Nerd

15. Arrondissement: ein Bergsteigerlehrer, frisch aus den Alpen, auf der Suche nach einer Frau | ein Kollege aus dem Büro | Ihr Cousin und Männer, die ihm irgendwie ähnlich sehen

16. Arrondissement: ein nicht allzu katholischer Familienvater | ein Ex-Lebemann | ein Aristokrat, der noch bei seiner Mutter lebt, aber nicht schwul ist

17. Arrondissement: ein junger Finanzhai, geschieden, ein Kind, riskant wie ein Hedgefonds | ein Bourgeois, der sich für einen Bohemien hält, weil er in Les Batignolles lebt

18. Arrondissement: ein erfolgreicher Schauspieler | ein Art Director, dessen Wohnung »wirklich sehr hübsch« ist | ein Werbetexter um die fünfzig, dem man es ansieht

19. Arrondissement: ein erfolgloser Schauspieler zum Verwöhnen | jemand aus dem Baugewerbe | ein Argentinier, der verrückt ist – verrückt nach Ihnen

20. Arrondissement: ein Keramiker mit Humor und geschickten Händen | ein Diakon, der für Emmaüs arbeitet | ein bildender Künstler, etabliert und ziemlich reaktionär

Was trägt man beim ersten Rendezvous?

Sie sind schon eine Stunde zu spät und haben nichts anzuziehen? Doch, natürlich. Entscheiden Sie sich für Leichtigkeit, Andeutungen ... und subtilen Sex-Appeal. Hauptsache, nichts Vorhersehbares! Klare Linien, ein Top, das eine Schulter enthüllt, eine aufgeknöpfte weiße Hemdbluse über einem schwarzen BH.

Und unten herum? Da passt man sich dem Zielobjekt an: eine Jeans für den Hipster, ein Rock für den Syndikusanwalt, hohe Absätze für den Finanzier und flache, für den angesagten DJ. Aber Achtung: Wenn man einen Minirock trägt, sind High Heels tabu (das kann leicht zu sehr nach Lido aussehen), und obligatorisch, wenn er älter als 42 ist – außer, er ist so klein wie einer unserer letzten Präsidenten.

Die Goldene Regel: Man zeigt nur wenig nackte Haut. Denken Sie an Truffauts *Der Mann, der die Frauen liebte,* der stundenlang über eine Wade fantasieren konnte, auf die er auf der Straße einen flüchtigen Blick erhascht hatte. Denken Sie an Romy Schneider, bevor sie in den Pool springt ... ein Bademantel, der nur eine Schulter enthüllt, ein rückenfreies Kleid, eine züchtige Bluse, deren oberste Knöpfe geöffnet sind. Man muss nicht unbedingt auf Crazy Horse machen, um ihn in den Wahnsinn zu treiben!

EIN 80ER-JAHRE-KLISCHEE: MÄNNER LIEBEN FEMMES FATALES

Ja, manchmal schon. Aber was sie wirklich verführerisch finden, ist Weiblichkeit. Punkt. Das heißt nicht, dass man gleich das ganze Arsenal der Sexiness – High Heels + Rock + Dekolleté à la *Basic Instinct* – auffahren muss, das wirkt zu kampfeslustig, also eher abschreckend. Setzen Sie stattdessen auf Einfachheit: Männer lieben Outfits, die sie verstehen. Ein Schlitz im Rock oder ein Dekolleté, das andeutet, was er bald enthüllen darf. Die Pariserin trägt schlichten, aber unverkennbaren Chic: Es bleibt beim Understatement.

Schnell, ein Look für den Abend!

Adressen:

Le Bon Marché: Wegen seiner Nischen mit unzähligen kleineren Marken, die nicht ganz unerschwinglich sind. Derzeitiger Favorit: Bellerose, Gat Rimon. 24, Rue de Sèvres, 75007 Paris

Und wenn Sie dort Ihr Glück noch nicht gefunden haben, huschen Sie schnell nach gegenüber:

Brand Bazar: Ein »Schmelztiegel der Marken« am linken Seine-Ufer auf zwei Etagen, der sowohl bekannte Namen (Carven) als auch junge Kreative (Sœur, Reiko, Momoni ...) führt. 33, Rue de Sèvres, 75007 Paris

Im Westen der Hauptstadt. **Le 66** auf den Champs-Elysées bietet eine kleine, aber umfassende Auswahl an fließenden T-Shirts von Majestic, romantischen Kleidern von Mes Demoiselles und Handtäschchen mit verheißungsvollen Namen wie Catch Me Maybe.

Centre Commercial: Ein Boho-Concept-Store, ganz in Weiß eingerichtet, mit Holz und Antiquitäten, für ein Shopping-Erlebnis mit Chic: Jumpsuits von Roseanna, Schuhe von Paraboot, Hüte von Larose, gestreifte Ponchos von La Méricaine oder reizende Kleider im Marine-Look von Breton Saint James. 2, Rue de Marseille, 75010 Paris

Und immer: **Zara, & Other Stories** und **Cos,** die kleinen, kreativen, trendigen Marken von H&M, Orte, an denen man witzige, kleine Teile findet, die sexy sind, ohne billig zu wirken.

Öko-Mode: Wer sexy und politisch sein will, wem Nachhaltigkeit, Umweltschutz und Verbesserung der Lebensbedingungen von Textilarbeitern am Herzen liegen, geht zu:

Kiliwatch: Das Pariser Vintage-Paradies, in dem man eine Pelzmütze, eine kurze Lederjacke oder eine Seidenbluse erstehen kann. 64, Rue Tiquetonne, 75002 Paris www.kiliwatch.fr

Noir Kennedy: Rockiger Vintage-Laden, die ideale Adresse für Jeans von Cheap Monday, coole T-Shirts, Lederstiefel und Secondhand-Einzelteile. 22, Rue du Roi-de-Sicile, 75004 Paris

Online:

Vestiaire Collective: Der Hammer, wenn wir uns die kleine Chanel-Handtasche gönnen wollen, die in unserer Garderobe noch fehlt und die hier wesentlich günstiger zu haben ist als im Laden. Man postet einen Alarm, und wenn sie angeboten wird, schlägt man zu. Experten garantieren die Echtheit des Modells. http://www.vestiairecollective.de/

Ich habe ihn im Les Bains kennengelernt, kann das gutgehen?

Natürlich! Das hängt hauptsächlich davon ab, wie Sie an die Sache herangehen. Die einzige Möglichkeit: Wachsamkeit. Denn wenn der junge Mann sich in diesem legendären Schwimmbad/Club tummelt, kann man davon ausgehen, dass er sich amüsieren will, und nicht unbedingt nur mit Ihnen! Man geht ja auch nicht zum Konditor Pierre Hermé, wenn man nur einen kleinen Salat essen will! Sie haben ebenfalls Heißhunger auf Süßes? Einen Liebesknochen vielleicht? Dann nur zu!

Im Grunde wussten Sie ja bereits, als Sie angeblich nur ein »nettes, kleines Restaurant austesten« wollten, dass Sie an dem Abend eher Lust auf Dummheiten, Tanzen und Flirten hatten. Nur zu, toben Sie sich aus, aber denken Sie daran, dass man von dem enthemmten Jüngling auf der Tanzfläche dieses ehemaligen Schwimmbads nicht mehr erwarten kann als einen Hechtsprung ins Bett.

Die Goldene Regel:

Die Wahrheit und nichts als die reine Wahrheit! Das Wichtigste ist, sich nicht selbst zu belügen. Wenn Sie sich mit einem Unbekannten in die reißende Flut stürzen, dann weil Sie wild darauf sind, seine Hände auf Ihren Brüsten zu spüren, jetzt und hier, oder wie Gainsbourg und Birkin singen: »Je vais et je viens, entre tes reins« – ich komme und gehe zwischen deinen Lenden. Aber morgen ist ein neuer Tag. Wenn Sie in Stimmung sind, dann tun Sie's, es gibt viele, die von solchen aquatischen Nächten nur träumen können!

DAS FREUD'SCHE KLISCHEE: FOLGEN SIE IHREM VERLANGEN!

Man könnte das Klischee auch nach Herbert Léonards und Julien Lepers Chanson »Pour le plaisir« – nur zum Vergnügen – betiteln. Doch als intellektuelle Pariserinnen benennen wir es natürlich lieber nach dem Vater der Psychoanalyse. »Horchen Sie in sich hinein, folgen Sie Ihrem Verlangen«, lautet der Rat jedes Seelenklempners. Aber man muss darauf achten, dass man es auch richtig interpretiert. Sind Sie sicher, dass Sie »einfach nur« mit ihm schlafen wollen? Oder glauben Sie insgeheim, der kürzeste Weg in sein Herz führe durch sein Bett? Achten Sie nicht nur darauf, was Sie in diesem Moment wollen, sondern darauf, was Sie sich aus tiefstem Herzen wünschen, und fühlen Sie sich weder verpflichtet, eine Nonne, noch ein Pornostar zu sein.

Die heikle Frage
der Telefonnummer ...

Eine der großen Fragen des Lebens. Verrückt, dass eine zehnstellige Nummer eine Gleichung mit so vielen Unbekannten ergibt. Und doch ist die Antwort ganz einfach: Als Flirt-erfahrene Pariserin wissen Sie, dass es ein absolutes No-Go ist, ihm Ihre Handynummer aufzudrängen, bevor er danach gefragt hat. Und wenn er nicht fragt? Wenn er will, wird er sie herausfinden.

Die Goldene Regel: Ausnahmsweise sind es drei:

1. Man antwortet auf seine Nachrichten, vermeidet es aber, zu oft selbst eine Unterhaltung anzufangen. Beispiel: Auch wenn Sie ihm unbedingt die Nachricht »Trinke gerade einen Spritz und muss an dich denken« schicken wollen – vielleicht weil Sie schon fünf intus haben –, tun Sie es nicht.

2. Versuchen Sie, Unterhaltungen per SMS als Erste zu beenden. Man hat schon Unterhaltungen gesehen, die mit den Worten »Was isst du gerade?« endete. Vorsicht vor zunehmend banalen Dialogen.

3. Wenn man älter ist als fünfzehn, sollte man Smileys tunlichst vermeiden und sich besonders vor Einhörnern oder kleinen Delfinen hüten, die angeblich Ausdruck unserer zärtlichen Gefühle sind.

DAS MARC-LÉVY-KLISCHEE

Vorsicht: Wie jeder, der innerhalb des Boulevard périphérique wohnt, haben Sie insgeheim das Gefühl, dass eine Schriftstellerin in Ihnen schlummert. Das ist nicht weiter schlimm. Aber fangen Sie um Himmels willen nicht an, ihm SMS wie »Ich habe Lust auf ...« oder »Wenn du wüsstest ...« zu schicken, die ihm Rätsel aufgeben. Unbedingt zu vermeiden sind auch pseudo lustige SMS à la Louis de Funès. Natürlich mögen Männer Frauen mit Humor, aber die wenigsten mögen es, ständig aufgezogen zu werden.

Hilfe, er ist mein Chef!
Er ist so alt wie mein Vater
und heißt auch genauso!

Er ist fast sechzig, heißt Jean-Pierre und ist Ihr Boss? Drei gute Gründe, sich nicht mit ihm einzulassen. Trotzdem können Sie sich nicht schnell genug auf den Schreibtisch legen, wie in der abgedroschenen Fantasievorstellung von der sexy Sekretärin? Jedem das Seine!

Das Problem? Erstens: Wir leben in einem altmodischen Macho-Land. Man könnte Sie verdächtigen, sich hochzuschlafen ... selbst wenn Sie auf der berühmten Besetzungscouch immer oben liegen! Und zweitens: Sind Sie sicher, dass dieser angegraute Endfünfziger, der »Zum Diktat, Süße« zu Ihnen sagt, wirklich der ist, den Sie wollen? Oder sind Sie ein Opfer des »François-Hollande-Syndroms« geworden, frei nach dem Motto: »Macht macht sexy«?

Also bleiben Sie in puncto Chef professionell: Zurückhaltung, Beherrschung, klare Regeln und vor allem Distanz. Auch wenn man keine Tabus kennt, kann man Prinzipien haben, und man tut nichts, was die Arbeit kompromittieren könnte, die man liebt. Oder auch nur die Stimmung im Büro! Und was den Altersunterschied angeht, den können Sie immer noch nutzen, aber nur zu Ihren Gunsten. Lassen Sie nicht zu, dass er Ihnen in den Club folgt, um sich seine Jugend zurückzuholen, Sie sind nicht sein Botox. Doch genießen Sie ein Glück, so weichgezeichnet und beruhigend wie der Film aus seiner Jugend, den er Ihnen in seiner Suite im Louis-XV-Stil zeigt: *Emmanuelle*.

Die Goldene Regel:

Lassen Sie sich nicht zur Altenpflegerin herabwürdigen! Wenn der alte Schelm zum alten Kauz wird, bleibt nur die Trennung. Und keine Mentor-Schülerin-Beziehung mit einem Alten, der keine Dummheiten mehr machen kann, aber dafür gute Ratschläge gibt. Vintage-Sex, ja bitte! Macho-Liebhaber, nein danke!

Er ist ein kleiner Loser

Er ist Schauspieler, aber weil es im Moment nicht so gut läuft, spielt er einen entwurzelten Baum in einem sehr, sehr avantgardistischen, sehr, sehr unbekannten Theater ... Er schreibt seit fünf Jahren an einem Drehbuch über seine Ex, aber alles, was ihm das einbringt, sind Depressionen ... Er arbeitet als Kellner, ist aber eigentlich Musiker und will eine Band mit einer Freundin gründen, die ihn auch bei sich wohnen lässt und ihm Geld leiht ... Kurz, spontan würde man Ihnen raten, die Beine in die Hand zu nehmen!

Und doch ... Ist es nicht schön, dass dieser Mann die Zeit hat, sich Zeit zu nehmen? Dass er, während Sie gelangweilt im Stau stehen oder sich in der vollbesetzten Metro *La vie en rose* auf dem Akkordeon anhören müssen, durch die Straßen flanieren und Apollinaire rezitieren kann?

Warum sich selbst dieses Vergnügen versagen? Wenn er nicht zu depressiv ist, pfeifen Sie auf das Geld, es leben die Gene eines Kerls mit dem Gesicht und Körper eines Adonis: Stürzen Sie sich hinein! Hier ist der Liebhaber, der Sie in dem Bad erwartet, das er für Sie hat einlaufen lassen. Vielleicht hat er eine neue Fernsehserie entdeckt oder eine neue Ballade komponiert. Er wird Sie jedenfalls nicht fragen, ob Sie den Brief für die KFZ-Versicherung zur Post gebracht haben.

Her mit den schlaflosen Nächten, dem Rausch, den Stunden, die direkt aus *Der große Meaulnes* entsprungen zu sein scheinen, den nächtlichen Ausflügen zu Sacré-Cœur, den nicht enden wollenden Gesprächen und Entrecote um fünf Uhr morgens im Au Pied de Cochon in Les Halles. Und wenn der Bohemien-Charme verflogen ist und der hübsche Vogel ein paar Federn gelassen hat, lässt man ihn einfach weiterfliegen. Erschöpft und erleichtert.

Die Goldene Regel:

Hauptsache unverbindlich. Auch wenn er keinen Sou in der Tasche hat, ist das kein Grund, ihn auszuhalten! Sie sind weder seine Mutter noch seine Krankenschwester. Wenn er gut ist, weiß er, dass ein günstiges, liebevoll zubereitetes Pastagericht ein fürstliches Mahl sein kann, dass auch ein Taschenbuch große Wirkung hat, wenn es sorgfältig ausgesucht ist, und dass es reicht, seine alte, abgewetzte Jeans fallen zu lassen, um Sie ins Bett zu kriegen!

Er ist ein Star!

Sie haben es geschafft, auf der Tanzfläche des Montana mit einem Hollywoodstar anzubandeln? Bravo, dafür werden Sie feierlich in den Pantheon der Meister-Abschlepperinnen aufgenommen – »Sei willkommen, Star-Aufreißerin!« –, dem auch Céline Balitran (vier Jahre mit George Clooney, nachdem der sie in einer Bar auf den Champs-Elysées angebaggert hatte), François-Henri Pinault (fast zehn Jahre mit Salma Hayek, nach einem Fall von Liebe auf den ersten Blick in Venedig) und nicht zuletzt die unglaubliche Micheline Connery (vierzig Jahre mit dem schönsten James Bond aller Zeiten, der ihr auf einem Golfplatz in Marokko begegnete) angehören.

Allerdings laufen Ihnen als Pariserin alle Naselang irgendwelche Stars über den Weg, sei es in der Bäckerei oder beim Yoga, also machen Sie nicht zu viel Aufhebens darum, oder tun Sie so, als würden Sie ihn nicht erkennen. Das Beste? Verwechseln Sie ihn mit anderen Promis, es nimmt Ben Affleck die Befangenheit, wenn Sie ihn Bradley Cooper nennen – der sich übrigens oft im Fitnessstudio L'Usine rumtreibt!

Die Goldene Regel:

Man behält ein Andenken. Kein Paparazzi-Foto aus dem *France Dimanche*, kein Kind, nur ein Andenken! Ein Diamantcollier, Micky-Maus-Pantoffeln (falls es sich um einen sehr jugendlicher Star handelt) – irgendetwas, was man später mal seinen Enkeln zeigen kann.

Für öffentliche Küsse

Fordern Sie ihn zu einer Partie Pétanque am Place Dauphine (1. Arrondissement) heraus, ein verspieltes, lockeres Rendezvous.

Schlendern Sie Hand in Hand durch eine der zahlreichen überdachten Passagen, die zu den architektonischen Besonderheiten der Hauptstadt zählen. Les Galeries Véro-Dodat (1. Arrondissement), Vivienne et Colbert – deren Brasserie zum schützenswerten Denkmal erklärt wurde, sind auf der Kinoleinwand zu bewundern – wie die Passage du Grand-Cerf, die in *Zazie in der Metro* von Louis Malle auftaucht, oder die Passage des Panoramas, mit ihren entzückenden Restaurants und Cafés.

Entdecken Sie mit ihm die Cité Internationale Universitaire im 14. Arrondissement, gegenüber dem Parc Montsouris. Ein wunderschöner Ort, dessen ausgedehnte Gärten und Gebäude Sie gemeinsam erkunden können. La Maison internationale, ausgestattet mit einem Schwimmbad und einem Theater, wurde von Rockefeller gestiftet. Die Schweizer und franko-brasilianische Stiftung stammen von Le Corbusier.

Wenn das Wetter schön ist, picknicken Sie im Park von Versailles oder im Bois de Boulogne, und machen Sie eine Fahrt im Ruderboot. Oder legen Sie eine Siesta am Place de Vosges oder in den Jardins du Palais Royal ein oder gönnen Sie sich einen Menthe à l'eau auf den Stühlen im Jardin du Luxembourg.

Bei schlechtem Wetter: Wenn Ihnen nach einem Spaziergang durch den Jardin des Serres D'Auteuil, 1761 unter Ludwig dem XV. erbaut, und seine prächtigen Beete im französischen Stil nach Poesie zumute ist, erkunden Sie den nahegelegenen Square des Poètes, dessen Steinplatten mit gereimten Inschriften versehen sind.
Nur für Ultra-Romantiker!
1, Avenue Gordon Bennett und
3, Avenue de la Porte-d'Auteuil, 75016 Paris

Für verstohlene Küsse

Der Bekannteste

Reservieren Sie einen der Salons im Restaurant Lapérouse, die im 19. Jahrhundert Treffpunkt für amouröse Abenteuer waren. Schon damals haben die Kokotten ihre Namen in die Spiegel geritzt, mit Diamanten, die sie soeben von ihren Galanen geschenkt bekommen hatten. Kate Moss hat es ihnen gleichgetan und »*It's 2 late 2 go 2 bed*« in den Spiegel hinter der Bar geritzt.
51, Quai des Grands-Augustins, 75006 Paris
www.laperouse.com

Der Glamouröseste

L'Oiseau blanc, das Feinschmeckerrestaurant in der sechsten Etage des Peninsula Hotels, bietet einen spektakulären Panoramablick auf die schönsten Pariser Sehenswürdigkeiten. Was die wenigsten wissen: Man findet dort den perfekten Tisch für Liebende, abgelegen, mit Blick auf den Eiffelturm.
19, Avenue Kléber, 75116 Paris
www.peninsula.com

Der Geschichtsträchtigste

Le Pharamond, eine Brasserie, die zum bedeutenden historischen Monument erklärt wurde. In den kleinen Salons für zwei, die man mieten kann und in denen sich unter anderem Alt-Präsident Mitterrand und seine Geliebte Anne Pingeot trafen, scheinen die Geister Clemenceaus und Hemingways noch lebendig zu sein.
24, Rue de la Grande-Truanderie, 75001 Paris
www.pharamond.fr

Die Originellsten

Das Hammam im L'Hôtel, eine der legendären Adressen von Saint-Germain, ist ein paradiesischer Ort, den man zu zweit genießen sollte und der an genau der Stelle errichtet wurde, wo einst die Liebeslaube der Margarete von Valois stand.
13, Rue des Beaux-Arts, 75006 Paris
www.l-hotel.com

Gönnen Sie sich eine Spazierfahrt auf einem Pontoon Boat, einem kleinen Ausflugsschiff, samt einer Flasche Champagner.
34, Quai d'Austerlitz, 75013 Paris
www.greenriver-paris

Sex beim ersten Date?

Dafür gibt es keine allgemeine Regel. Natürlich haben wir unzählige revolutionäre, freigeistige Vorbilder, von Olympe de Gouges bis hin zu Simone de Beauvoir, die zu sagen scheinen: »Tu einfach, was du willst.« Aber in 90 Prozent der Fälle ist und bleibt ein Nein die beste Antwort. Ob es Ihnen nun passt oder nicht, in dieser Hinsicht bewähren sich die Ratschläge Ihrer Großmutter eher als die Ihrer Freundinnen nach dem dritten Glas Sancerre. Denn auch im 21. Jahrhundert gilt: Ihn zwei oder drei Rendezvous warten zu lassen, ist weiterhin empfehlenswert, und sei es nur, um sich zu vergewissern, dass er Ihnen wirklich gefällt.

In *Die Studentin* verlangt Sophie Marceau nicht umsonst: »Gib mir jetzt einen großen, romantischen Kino-Kuss. Sofort.« Bei der Romantik ist es ein bisschen wie bei Filmmusik, sie lässt das Herz höher schlagen. Es ist nicht unbedingt Ihre sexbesessene Seite – man denke nur an die mittelalterliche Königin des Tour de Nesle, die ihre Liebhaber im Turm empfangen und anschließend in der Seine entsorgt haben soll –, sondern Ihre Lust auf eine echte Beziehung, die *ihm* Lust auf eine echte Beziehung macht.

Die Goldene Regel:

Wenn man ja sagt, geht man immer zu ihm. Man nimmt seine Kondome (man hat keine mehr in der Tasche), und man schleicht sich mitten in der Nacht auf Zehenspitzen davon, wie Natalie Portman in der Miss-Dior-Werbung, um die Erinnerung an die vorangegangene Nacht nicht kaputtzumachen.

Er wollte mir gleich
den Hintern versohlen!

Wir Pariserinnen mögen tabulos sein, aber wir haben trotzdem keine Lust, uns als Hauptdarstellerinnen in einem SM-Film zu gerieren. Sie haben insgeheim von einem Kaffee unter den Rosen des Musée de la Vie romantique geträumt, von Küssen auf dem Place de Fürstenberg, und jetzt haben Sie jemanden vor sich, der frisch aus dem Swingerclub entlaufen scheint? Unschön! Wenn der Mann es nicht abwarten kann, mit Ihnen *Die Geschichte der O* nachzuspielen, wenn er sich nicht die Mühe macht, Ihren Körper zu erkunden, dann will er Sie einfach nur flachlegen. Heute Abend mag er der Ihre sein. Aber morgen?

Wenn Sie also nicht schon seit sechs Monaten zusammen sind oder Sie auf Reitgerten und bizarre Praktiken stehen, machen Sie, dass Sie wegkommen! Sie haben noch genug Zeit, Ihre Fantasien auszuleben, wenn die Langeweile einsetzt: Heben Sie sich das für später auf.

Aber ... Erlauben wir uns eine Einschränkung. Was haben Sie empfunden, als er Ihren Hintern getätschelt und Ihnen Schlüpfrigkeiten ins Ohr geflüstert hat? Einen kleinen Schauder der Erregung? Gut möglich. Das mag für ein erstes Mal sehr speziell sein, aber wenn es ihm nur rausgerutscht ist und er nicht den Eindruck macht, ein Porno-Profi zu sein, na ja, dann konnte er eben Ihren geheimsten Sehnsüchten vorgreifen ... Ziemlich vielversprechend!

Die Goldene Regel: Was auch immer am ersten Abend passiert, vergessen Sie nie, dass es auch der letzte sein kann. Wenn man sich nicht wiedersehen will, gibt man alles, macht sich nichts draus und sagt sich: »Danke für den Augenblick.«

DAS TABATHA-CASH-KLISCHEE

Hatten Sie schon mal das Gefühl, akrobatischen Rock'n'Roll zu tanzen? Oder mitten in einer mehr oder weniger künstlerischen Eiskunstlauf-Kür zu sein, für die Sie am Ende bewertet werden – fünf Komma zwei, five point two? Dann sind Sie ein Opfer des Tabatha-Cash-Klischees geworden, benannt nach der gleichnamigen Pornodarstellerin. Nein, eine seltsame Stellung macht noch keine Glücksgefühle, genauso wenig wie Sexspielzeug, Nutella oder Schlagsahne im Bett. Beim ersten Mal ist weniger mehr! Man erkundet sich, beschnüffelt sich, öffnet sich füreinander ... man hat noch mehr als genug Zeit, Freunde dazubitten.

Wie zieht man sich aus?

Jetzt ist er da. Bei Ihnen zu Hause. »Hilfe, ich bin zu dick!«, schreien Sie innerlich. Ihr Lächeln ist plötzlich so verkniffen wie das der Mona Lisa, und Sie rufen gedanklich alle Jeans, in die Sie nicht mehr hineinpassen, als Zeugen auf, das ruinös teure Fitnessstudio, das Sie noch nie von innen gesehen haben, oder Ihre alles verzehrende Leidenschaft für Windbeutel. Und jetzt?

Erstens: Ist es hilfreich, sich klarzumachen, dass wir es nicht im fahlen Neonlicht einer Umkleidekabine tun, sondern bei gedämpfter Beleuchtung.

Zweitens: Erinnern Sie sich an Ihre Jugend zurück ... als Sie praktisch angezogen Liebe gemacht haben, weil Sie es kaum erwarten konnten. Machen Sie es heute doch genauso!

Drittens: Nehmen Sie vor und nach der Liebe schmeichelhafte Posen ein, und verlassen Sie das Bett nur in sein Hemd, ein Laken und immer in Ihre Würde gehüllt.

Die Goldene Regel: Man rennt nicht zuerst ins Bad, duscht, schminkt sich und tauscht seine Liebestöter von Petit Bateau gegen den neuesten Body von La Perla aus! Man lässt ihn machen, er zieht Sie aus, Sie ziehen ihn aus, Sie ziehen sich gegenseitig aus (es sei denn, Sie spielen Strip-Poker). Man faltet auch nicht seine Unterwäsche oder geht sich vorher die Zähne putzen. Man gibt sich ganz hin. Besonders erfreulich, wenn man am nächsten Morgen seine Unterwäsche auf dem Kaminsims wiederfindet!

So macht's die Pariserin:
DER CROISSANT-TRICK

Sie sind bei ihm oder er ist bei Ihnen, und Sie brauchen mal zwei Minuten für sich? Schicken Sie ihn kurz Croissants kaufen! Das verschafft Ihnen ausreichend Gelegenheit, sich in aller Ruhe die Zähne zu putzen, eine Freundin anzurufen... Abends funktionieren folgende Abwandlungen: Ich brauche noch Crème fraîche/Gewürze/Brot/Champagner. Paris ist eine Stadt, die nie schläft: Schicken Sie ihn zum Einkaufen.

Die schönsten Dessous zum Ausziehen ...

Bei Stilpäpstin Inès de la Fressange, die einen typischen Rive-gauche-Concept-Store in einer ehemaligen Gießerei eröffnet hat, shoppt man Lingerie von Fifi Chachnil, Bustiers, Spitzenpantys ...
24, Rue de Grenelle,
75007 Paris
www.inesdelafressange.fr

Dément, eine von Laetitia Schlumberger entworfene, sehr feminine Dessous-Kollektion in schlichten Farben (schwarz, weiß, marineblau) hat einen besonderen Clou: Unter kleinen Knoten sind Magnetverschlüsse verborgen, so dass man sich in Handumdrehen entblättert hat. Divine Parisienne.
19, Rue Guisarde,
75006 Paris
www.lingerie-dement.com

Sabbia Rosa, eine Dessous-Boutique, in der es nach pudrigem Parfüm duftet, birgt wahre Wunder an bestickter Seide, unglaublich chic und durch und durch französisch.
73, Rue des Saints-Pères,
75006 Paris

Cadolle. Gründerin Herminie Cadolle war der Inbegriff der kühnen, aufsässigen, abenteuerlustigen Pariserin: Sie nahm 1871 an den revolutionären Ereignissen der Pariser Kommune teil und gilt als Erfinderin des BHs, der damals noch »corselet-gorge« genannt wurde. Vielleicht entscheiden Sie sich ja für ein Modell, das so ähnlich aussieht wie jenes, das sie 1889 bei der Weltausstellung vorgestellt hat.
255, Rue Saint-Honoré,
75001 Paris
www.cadolle.fr

Im Sommer kann man statt eines BHs auch ein Bikinioberteil tragen, und zu jeder Jahreszeit einen schwarzen BH unter einer transparenten Bluse.

Lesen Sie auch Seite 159 über Dessous für kleine Brüste.

Ups, er war eine Niete im Bett ...

Er ist schön wie Alain Delon und hat Sie an dem Laternenpfahl an der Straßenecke fast verrückt gemacht vor Lust ... aber auf der Wohnzimmercouch war er weniger prickelnd als abgestandener Champagner. Pech gehabt! Egal, ob es eine Reihe von Ungeschicklichkeiten war, tödliche Langweile, ärgerliche Größenprobleme oder schlichtweg zum Davonlaufen, geraten Sie nicht gleich in Panik. Im Krieg und in der Liebe ist bekanntlich alles erlaubt, also halten wir es so: Wir kapitulieren für den Moment und sagen uns, dass wir zwar die Schlacht, aber nicht den Krieg verloren haben.

Aber Achtung: Manchmal ist es einfach wirklich eine Katastrophe. In so einem Fall erinnern Sie sich daran, dass Sie nicht Mutter Teresa sind. Man muss auch wissen, wann es Zeit ist, die Segel zu streichen, jeder Topf findet ja angeblich seinen Deckel, und man kann ihn getrost seiner Niederlage überlassen.

Die Goldene Regel: Bloß nicht zu viel Offenheit! Nie! In der ersten Zeit schweigt man und zählt ihm nicht all seine Fehler auf. Rom wurde nicht an einem Tag erbaut, und die Errichtung des Eiffelturms dauerte Jahre! Man kann ihn ein wenig ermutigen – immerhin ist es schmeichelhaft, dass er so überwältigt von Ihnen ist, für ihn sind Sie anscheinend Laetitia Casta! –, die Führung übernehmen und sich sagen, dass Sex ist wie guter Wein: Er wird mit der Zeit immer besser!

So macht's die Pariserin:

EIN GLÄSSCHEN CÔTE-RÔTIE ... UM DIE ZUNGE ZU LÖSEN

Schon ein Glas genügt, um zu enthemmen. Ihn. Sie. Bis man sich zärtliche Dinge ins Ohr wispert. Zuerst »ja, genau so«, dann streuen Sie ein »ja, härter« ein, wo es Ihnen beliebt. Jedem das Seine: poetisch? – »ich liebe deine Aprikose« – wie im Film? – »ich glaube, dein Nachbar beobachtet uns« – romantisch? – »ich möchte in dir ertrinken« ... Egal, welche Sprache man bevorzugt, die Hauptsache ist der Rausch!

Wir waren zusammen im Bett, und er ruft nicht an!

Das Schlimmste wäre, Zeit mit der Frage nach dem Warum zu verschwenden. Je mehr Sie zu verstehen versuchen, desto eher riskieren Sie, Wochen damit zu verbringen, einem Typen nachzuweinen, den Sie kaum kennen! Und erwarten Sie ja nicht, dass wir, Ihre Pariser Freundinnen, Sie belügen: Er ruft nicht an, weil er keine Lust hat, basta! Ein neues Abenteuer wartet auf Sie.

Übrigens: Ihre Liebe ist nun nicht gebunden, nur weil Sie die Nacht mit ihm verbracht haben. Wir Frauen haben uns emanzipiert, halbnackt Pflastersteine auf Barrikaden geworfen, aber im Grunde unseres Herzens glauben wir immer noch, eine gemeinsame Nacht würde dasselbe bedeuten, wie ein Vorhängeschloss an die Pont des Arts zu hängen.

Nein, nein und nochmals nein! Und um damit so gut wie möglich fertigzuwerden, können Sie, wenn Sie ganz radikal sind, seine Nummer löschen, und wenn nicht, seinen Namen auf Ihrem Mobiltelefon ändern, damit Sie nicht in Versuchung kommen, ihn anzurufen, oder seinen Klingelton personalisieren, damit Ihr Herz nicht jedes Mal aussetzt, wenn eine Freundin Ihnen eine SMS schickt.

Die Goldene Regel: Man spielt nicht mit der Liebe! Es ist seine Aufgabe, anzurufen, und zwar nicht erst in drei Tagen! In Paris muss man immer irgendwo warten: in der Metro, am Taxistand, in der Schlange vorm Kino. Da wird man doch wohl dreißig Sekunden für ein paar zärtliche Worte übrig haben.

So macht's die Pariserin:

MEINE NACHT IM MUSEUM

Er will keine weitere Nacht, keinen weiteren Tag mit Ihnen verbringen? Und wenn schon! Sie haben Delacroix, Poussin, Géricault und wer weiß wie viele andere, die viel leidenschaftlicher sind als er und die Sie zum nächtlichen Stelldichein im Louvre erwarten. Wenn schon Single, dann wenigstens ein intellektueller! (Das empfehlen wir Ihnen eher als einen Abend mit Chardonnay und der besten Freundin, denn der birgt ein größeres Risiko für Tränen und einen Anruf um vier Uhr morgens.)

DAS MAMA-KLISCHEE

»Männer sind wie große Babys, sie wollen ständig beruhigt werden.« Wer sagt das? Ist es nicht eher so, dass er Sie beruhigen sollte, indem er Sie anruft? Versuchen Sie nicht, zu ergründen, was in seinem Kopf vorgeht, in Ihrem eigenen ist es schon kompliziert genug.

Er ruft an!

Sie liegen in aller Ruhe in Ihrem Bett und arbeiten, im Kamin brennt ein gemütliches Feuer, und gleich wollen Sie Montaigne lesen und von der reizenden Handtasche träumen, die Sie in der Rue de Montaigne gesehen haben, da erscheint plötzlich sein Name auf Ihrem Handydisplay. Schlagartig fühlen Sie sich wie Jeanne d'Arc, die stolze Ritterin auf dem goldenen Reiterstandbild vor dem Louvre. »Ach, nein, ich bin nicht da, so verfügbar bin ich nun auch wieder nicht!« Ganz falsch! Gehen Sie ran. Aber haben Sie es nicht eilig. Sie nehmen ab, sind lieb, aufmerksam, witzig, lässig, aber nicht verfügbar.

Heute Abend? Da passt es leider nicht, Ihnen ist mehr nach einem ruhigen Abend zu Hause mit Sushi und Marcello Mastroianni, denn, so erklären Sie ihm – auch wenn es nicht stimmt –, Sie waren am Vorabend in der Bar Mathis. Aber schlagen Sie ihm ein Treffen am nächsten Tag vor. Wo? Kein Tête-à-tête und auch kein formelles Rendezvous. Warum kommt er nicht mit ins Rosa Bonheur, wo Sie sich mit ein paar Freunden auf einen Aperitif treffen? Oder zur Eröffnung einer Galerie im Marais, bevor Sie im Georges im obersten Stock des Centre Pompidou etwas trinken gehen? Was gibt es Romantischeres, als sich auf der Rolltreppe zu küssen, während man das Gefühl hat, über den Dächern von Paris zu schweben?

Die Goldene Regel: Lassen Sie immer ihm den Vortritt, er schlägt vor, und Sie entscheiden! Das macht Sie selbstbewusst und lässt Sie umso verführerischer wirken. Wenn Sie Angst haben, schwach zu werden, machen Sie es wie Javert aus *Les Misérables,* nur werfen Sie statt sich selbst Ihr Handy in die Seine! Das befreit, außerdem war es sowieso Zeit für ein neues. Kaum sind Sie zwei Tage unerreichbar, hat er Sie zwanzigmal angerufen, jede Wette.

DAS GLEICHBERECHTIGUNGS-KLISCHEE

Auch eine Frau hat das Recht, anzurufen, schließlich sind wir gleichberechtigt. Ja, natürlich, aber wozu? Kennen Sie einen einzigen Mann auf der Welt, und sei er auch noch so schüchtern, der es nicht gewagt hätte, den ersten Schritt zu machen, wenn er verliebt war? Wenn er wirklich nicht daran gedacht hat, nur zu, greifen Sie zum Telefonhörer, aber in dem Wissen, dass Sie sich von einem Ihrer wichtigsten Trümpfe trennen ... und sich danach umso mehr bedeckt halten müssen.

Fünfundsiebzig SMS,
aber wir haben uns
immer noch nicht gesehen …

Da ist was faul. Der Mann sitzt allein in einer Ecke, geht ab wie ein Zäpfchen, verschickt Nachrichten wie »ich muss immerzu an dich denken«, »was hast du an?« oder »ich werde noch verrückt vor Sehnsucht, gehe jetzt joggen«, schlägt aber nie ein Treffen vor oder sagt ständig ab? Dann sind seine SMS eher so etwas wie Facebook-Likes, nicht mehr als ein Zeitvertreib. Schlimmer noch, es kann bedeuten, dass er zu verklemmt ist, um zur Tat zu schreiten, oder dass er bereits liiert ist.

Seien Sie also misstrauisch. Ein echter Mann weiß, wovon er träumt, und das ist sehr konkret: von einem Hemd von Charvet und von Ihnen. Was gibt's da groß nachzudenken?

Die Goldene Regel:

Man kann Millionen Tinder-Nachrichten verschicken oder sich per SMS über Belanglosigkeiten austauschen, aber man vereinbart so bald wie möglich ein Treffen. Messen Sie seine Zuneigung nicht an der Zahl seiner SMS, sondern an seinen Taten: Jemand, der bis über beide Ohren verliebt ist, kann es kaum erwarten! Also Schluss mit dem Geschwafel, oder mathematisch ausgedrückt: 15 SMS = ein Treffen. Alles andere lohnt sich nicht.

Überraschung: Morgen fliegt er zurück nach Buenos Aires!

»Il était mince, il était beau, il sentait bon le sable chaud ...« – er war schlank, er war schön, er duftete so gut nach heißem Sand –, schluchzen Sie in Ihrem Wagen. Aber er hatte nur ein Touristenvisum und muss die Tangoschule seiner Familie weiterführen? Kurz, Ihre Liebe ist davongeflogen. Buchstäblich. Ist das wirklich ein Grund zum Weinen? Ja, natürlich (werfen Sie einen Blick auf Seite 103, dort haben wir eine Liste der besten Orte in Paris eingefügt, wo man sich mal gründlich ausweinen kann). Aber zu glauben, dass es trotz allem funktionieren kann? Hm. Sagen Sie nicht: »Halb so wild, ich kann ihn ja besuchen.« Liebe auf große Entfernung, das funktioniert so gut wie nie, und wenn doch, nennt man es Tantra.

Eins ist jedenfalls sicher, vor seiner Abreise müssen Sie leben wie in einem Film. Nichts als »Je t'aime« auf Pariser Ausflugsschiffen, Sich-im-Gras-Wälzen unter den Rosenbüschen im Parc de Bagatelle, Nächte in der Suite im Hotel Raphaël, kurz, Ihr ganz eigenes Remake von *Ein Amerikaner in Paris*! Eine kurze Liebe ist nicht unbedingt schlechter als eine längere (sind die vierzehn Tage dauernden French-Open- nicht wesentlich spannender als ein ganzes Jahr Paris-Saint Germain-Spiele?) Das macht sie nur umso wertvoller!

Die Goldene Regel:

Bei kurzen Liebschaften lassen Sie die Vernunft außen vor! Das widerspricht den anderen Regeln? Mitnichten: Strategie ist keine Frage der Vernunft, sondern der Intelligenz. Nur zu, nutzten Sie die Chance, sich unvergessliche Erinnerungen zu schaffen, und wenn Sie durch die Straßen von Paris schlendern und an die paar Liebesbriefe denken, die Sie mit Argentinien ausgetauscht haben, oder an die heiße Nacht, in der er Ihnen lustige Dinge auf Spanisch zugeflüstert hat, werden Sie strahlen,

Wir gehen etwas trinken: Soll ich wie beim Vorstellungsgespräch meine Vorzüge hervorheben?

Natürlich werden Sie flunkern. Er auch. Das Straßencafé in der Rue de Bretagne ist Ihr Filmstudio, und Sie spielen beide eine Rolle: »Ich, nur ein bisschen besser als im wirklichen Leben.« Mit Ihren Anekdoten, Ihrer ständigen Lust zu lachen, Ihrer Begeisterungsfähigkeit. Aber Achtung: Übertreiben Sie es nicht, keine ellenlangen Auflistungen Ihrer guten Eigenschaften, Besitztümer, Aktivitäten und prominenten Exfreunde. Das wirkt prätentiös. Und Sie wollen sich ja auch nicht zum Verkauf anpreisen. Wie schon La Rochefoucauld sagte: »Wir gewinnen mehr dadurch, uns so zu zeigen, wie wir wirklich sind, als dadurch, wie jemand anders erscheinen zu wollen.«

Worüber redet man also? Über alles und nichts – an solchen Abenden sind Worte nur Appetithappen –, zumindest vordergründig. Aber werfen Sie ruhig ein wenig die Angel aus, um seine Vorlieben ans Licht zu bringen und ihm Ihre eigenen mitzuteilen. Ein Beispiel: Fragen Sie ihn nach seiner Lieblingsstadt für einen spontanen Wochenendausflug – und wenn es Stuttgart ist, urteilen Sie selbst. Oder danach, was er von Ihren gemeinsamen Freunden hält. Die Art, wie er über andere redet, sagt auch viel über ihn selbst aus. Das Wichtigste ist das, was hinter der Unterhaltung vorgeht: der zarte Austausch guter Schwingungen.

Die Goldene Regel:

Wenn Ihnen nach all den Ratschlägen der Kopf schwirrt, sagen Sie sich auf dem Weg zum Date, was der Mann wahrscheinlich über Sie denkt: »Ich habe schon wieder von ihr geträumt, wie albern, dabei hat sie gar nichts Besonderes gemacht. Sie ist nicht im klassischen Sinne schön, aber das ist gut so: Sie ist wie für mich geschaffen.« Seien Sie nicht zu erpicht darauf, sich von Ihrer vermeintlich besten Seite zu präsentieren, vielleicht ist es gerade Ihre Vorliebe für Camembert zum Frühstück, die ihn entzückt!

Die Playlist für den Weg zum ersten gemeinsamen Drink

1. »Mon Manège à moi«, Étienne Daho
2. »Something about us«, Daft Punk
3. »Intoxicated«, Martin Solveig
4. »When Love Takes Over«, David Guetta
5. »Donner pour donner«, F. Gall & E. John
6. »Zou bisou«, Gillian Hills
7. »La Fièvre«, NTM
8. »Moi vouloir toi«, Françoise Hardy
9. »Lady«, Modjo
10. »Une femme like you«, K. Maro
11. »Amoureuse«, Véronique Sanson
12. »Sea, sex and sun«, Gainsbourg
13. »La vie en rose« von Grace Jones
14. »Sensualité«, Axelle Red
15. »Déshabillez-moi«, Juliette Gréco
16. »Vertige de l'amour«, Bashung
17. »À Bouche que veux-tu«, Brigitte
18. »Dreams are my reality«, Richard Sanderson
19. »Une autre histoire«, Gérard Blanc
20. »J'attends l'amour«, Jennifer

Ups, ich habe zu tief ins Glas geschaut und zu viel geredet!

Der Stress, die Schmetterlinge im Bauch, die Lust, sich sofort zu betrinken, um zu vergessen, dass man die unvorteilhafte Bluse angezogen hat, die Nervosität beim Blick in seine Augen, die Sehnsucht, schon in seinen Armen zu liegen, und die Frage, ob er Sie küssen wird. Sie haben sich um 19 Uhr getroffen, um sich mit einem Abendessen herausreden zu können, falls es nicht gut läuft. Aber es läuft gut: Es ist Mitternacht, und Sie haben nur drei Erdnüsse und eine hauchdünne Scheibe Comté im Magen ... und zwei Liter Pouilly-Fuissé! Angeschickert gehen Sie nach Hause und bedauern, ausgeplaudert zu haben, dass Sie völlig blank sind oder vor zwei Tagen den Laufpass bekommen haben

Auch wenn wir damit Seite 51 vorgreifen, sollte man folgende Dinge meiden: Neurosen, deprimierende Anekdoten und Rotwein (blaue Lippen schmälern Ihre Chancen, dass er wieder anruft).

Aber alles in allem sollten Sie selbstbewusst sein – was gibt es Schlimmeres in der Liebe, als sich immer im Griff zu haben? Sie sind lebhaft, sensibel, begeisterungsfähig? Gut so! Bleiben Sie enthusiastisch, fürchten Sie weder Momente des Schweigens (er wird sie schon überbrücken), noch übermäßig viel zu lachen (Ihre Exaltiertheit wird ihm schmeicheln) – außerdem dürfte es ihm ähnlich ergehen. Sie haben das Recht, eine schöne Zeit in charmanter Gesellschaft zu verbringen. Sie beide sind dort, um sich näherzukommen, das heißt nicht, dass alles perfekt laufen muss.

Die Goldene Regel: Wenn man über seine Exfreunde und die Scheidung seiner Eltern ausgepackt hat, darf man nicht versuchen, es wieder auszubügeln. »Rien de rien, non, je ne regrette rien«, wie schon die Piaf sang, und das Gleiche gilt für Sie! Rufen Sie ihn auf keinen Fall an, um sich zu entschuldigen, Sie haben nichts wiedergutzumachen, Sie sind gut so, wie Sie sind! Verstanden?

So macht's die Pariserin:
DER SCHINKENBRÖTCHEN-TRICK

Heute Abend gehen Sie etwas trinken ... und haben Angst, zu viel zu trinken, weil Sie so gestresst sind. Schnell: Flitzen Sie zum Bäcker und kaufen Sie sich ein Schinkenbrötchen! Dann sind Sie satt, und Ihr Bauch, das berühmte zweite Gehirn, sendet Glückssignale aus und verhindert, dass Sie sich lächerlich machen. Für Gluten-Allergikerinnen: Essen Sie ein hartgekochtes Ei.

Das erste Abendessen bei Ihnen: Sushi oder gute Hausmannskost?

Oh, là, là! Man stellt doch nicht die kleinen Teller auf die großen! Sind Sie Ducasse oder was? Und das ist auch nicht der richtige Zeitpunkt, um in Kochbüchern zu blättern, die Sie noch nie aufgeschlagen haben. Man hält es einfach, wie in der Mode: Understatement!

Es versteht sich von selbst, dass Sie die Rolle der Gastgeberin erst übernehmen, wenn er Sie vorher zum Essen eingeladen hat. Und jetzt haben Sie sich für einen ruhigen Abend zu Hause entschieden. Ja, aber wie? Mit einem guten italienischen Catering? Oder einem Meeresfrüchteteller? – Keine Angst vor Mayonnaise, eine schlemmende Frau, die sich die Finger leckt, ist sexy! Auf keinen Fall Gerichte, die in Sauce schwimmen (beachten Sie die beigefügte Liste der verpönten Lebensmittel).

Wenn man am rechten Seine-Ufer wohnt, geht man in die Rue des Martyrs oder in die Gourmet-Abteilung der Galeries Lafayette, und wenn man am linken wohnt, in die Feinkostabteilung von Le Bon Marché. Kochen Sie auf keinen Fall etwas, das »Feinschmecker-Restaurant« schreit! Müssen wir Sie wirklich daran erinnern, dass er nicht zum Essen kommt?

Die Goldene Regel: Beziehen Sie ihn mit ein. Bitten Sie ihn, mitzubringen, was er will, verwandeln Sie das leidige »Oh Gott, ich muss kochen« in ein angenehmes »Wir zaubern gemeinsam etwas Nettes«! Und decken Sie auf keinen Fall, bevor er da ist: Sonst wird es nichts mit dem spontanen Quickie auf dem Tisch.

DAS VERSAILLES-KLISCHEE

Heute Abend empfängt Vatel! Die Unterhaltung übernimmt Molière und Lully die Choreographie! Was glauben Sie eigentlich, wo Sie sind? Es ist unnötig, die Opulenz von Versailles wieder aufleben zu lassen, Unsummen auszugeben und mit Ihrer Konversation zu brillieren, um ihm einen spektakulären Abend zu bereiten. Vergessen Sie Ludwig XIV. – viel zu anstrengend –, außerdem ist es an ihm, Ihnen die Sterne vom Himmel zu holen.

Wenn es warm ist,

kauft man Doradencarpaccio beim Fischhändler
oder einen göttlichen Schinken bei Gilles Verot. Das wirkt
sympathisch und erfordert kaum Vorbereitung.

Zu jeder Jahreszeit

gehen kleine Mezze zum Naschen, guter Räucherlachs, Hummus,
Ziegenkäse oder ein guter Comté ... aber kein Auberginenkaviar
(mit Knoblauch) am ersten Abend!

Wenn er unter vierzig ist,

ein Croque-Monsieur, da vermutet man natürlich gleich Hintergedanken!
Man nimmt eine fertige Béchamel-Sauce, sehr guten Kochschinken und
einen ebenfalls sehr guten Comté. Richten Sie das Ganze mit einem Römersa-
lat an, dessen Blätter sind nicht zu tückisch (werfen Sie einen Blick auf die Liste
mit Gerichten, die gar nicht gehen!). Man denke an Proust, der in *Im Schatten
junger Mädchenblüte* Croque-Monsieur und Œufs à la crème bestellte.

Wenn er über vierzig ist,

gibt es selbstgemachte Nudeln, aber nicht mit Tomatensauce. Ein
sehr einfaches Rezept: Man löst einen Brühwürfel in Crème
fraîche auf und gibt die Mischung über die heißen, kurzen
Nudeln (Penne, Farfalle oder Orecchiette). Mit reifen Tomaten servieren. Man kann sogar eine
Trüffel darüberreiben.

Diese Gerichte gehen gar nicht!

Zu große Sushi-Häppchen, alle Kräuter oder Salate, die sich zwischen
den Zähnen festsetzen könnten, Spaghetti (die sind nur bei Susi und Strolch
charmant), Knoblauch (Sie wissen schon, warum) und Saucengerichte
sind definitiv unsexy!

Er hat die Rechnung nicht bezahlt ...

Natürlich haben Sie Ihre Visakarte gezückt, schließlich sind Sie eine unabhängige Frau, und natürlich weiß er die Geste zu schätzen. Und natürlich ... nimmt er auf keinen Fall an! Gleichberechtigung hin oder her, Galanterie geht vor. Sei es beim Abendessen oder den Frühstücks-Croissants, es kommt nicht in Frage, nachzugeben: Das ist seine Aufgabe. Er ist völlig blank? Klappern Sie der Reihe nach die Japaner in der Rue Sainte-Anne ab, bis die Bank seine Karte wieder entsperrt.

Die Goldene Regel: Sie sind eine außergewöhnliche Frau, die sich ihre Brötchen selbst verdient und nicht auf sein Geld angewiesen ist. Aber auf seine Liebe sind Sie angewiesen. Und die will ausgedrückt werden!

Wohin lade ich ihn ein?

Zum Mittagessen

Brasserie Flotte, wir lieben diese Brasserie in der Nähe der Tuileries für ihr nostalgisches Ambiente und die traditionellen Gerichte aus dem Aveyron.
2, Rue Cambon, 75001 Paris
www.flottes.fr

Ma Cocotte, für ein spontanes Mittagessen am Wochenende auf dem Flohmarkt Les Puces de Saint-Ouen. Klassische Karte mit Neuinterpretationen von gefüllten Eiern mit Mayonnaise, Brathähnchen und Armen Rittern.
106, Rue des Rosiers, 93400 Saint-Ouen
www.macocotte-lespuces.com

Chez Chartier, man fühlt sich ins 19. Jahrhundert zurückversetzt, wenn man die Schwelle dieser legendären Brasserie überschreitet, in der jedes Gericht um die zehn Euro kostet.
7, Rue du Fbg Montmartre, 75009
www.bouillon-chartier.com

Und natürlich **La laiterie Sainte-Clotilde**, 75007, Edgar 31, Rue d'Alexandrie, 75002, sowie die Pizzeria **Il Brigante**, 75018 – die beste Pizza von Paris.

Zum Abendessen

Rue Paul-Bert, 75011 Paris. Hier können Sie sich zwischen einem Glas Wein und einer Käseplatte im **Bistrot Paul Bert**, Hausnummer 18, oder im **L'écailler du Bistrot**, Hausnummer 22, oder einem schönen Stück Fleisch in dem argentinischen Restaurant **Unico**, Hausnummer 15, entscheiden.

Casa Bini, ein Italiener mit lebendiger, trotzdem ruhiger Atmosphäre, 36, Rue Grégoire-de-Tours, 75006 Paris, eine Institution von Saint-Germain-des-Prés. Für ein frecheres Ambiente gehen Sie weiter ins **Oenosteria** (Hausnummer 40).

Coretta, ein helles Restaurant im Herzen des Quartier Les Batignolles, mit großen Glasfenstern, die Aussicht auf den Parc Martin Luther King bieten. Moderne Gourmetküche.
151, Rue Cardinet, 75017 Paris
www.coretta.fr

Pavillon Puebla, im Herzen des Parc de Buttes-Chaumont, 75019, kann man Pizza und Gerichte für zwei in diesem Jagdhaus im Stil Napoleon III. genießen.

Oberflächlich scheint alles perfekt, aber es gibt einen Haken …

Manchmal ist es besser, wenn Sie sich nicht gleich Hals über Kopf in eine neue Liebe stürzen. Es ist ein gutes Zeichen, wenn Sie sich ganz bewusst verlieben, nicht wie im Rausch, sondern langsam entflammt, verführt, hingerissen, glücklich. Und voller Selbstvertrauen.

Wenn Sie allerdings den Eindruck haben, im falschen Film zu sein oder mit der Idealvorstellung anderer Leute (Ihre Mutter) auszugehen, dann nehmen Sie die Beine in die Hand, fliehen Sie und werfen sich dem nächstbesten knackigen Kellner oder leicht verkorksten Typen in die Arme, der Ihre Träume hundertmal mehr befeuert! Manchmal sind wir nur versucht, uns in eine Beziehung zu stürzen, weil wir Lust haben, verliebt zu sein. Denken Sie an den Aufwand, den es vermutlich kosten wird, diese Vernunftbeziehung aufrechtzuerhalten beziehungsweise sich zu trennen, um wieder frei zu sein und die richtige Wahl treffen zu können! Der Mann, der oberflächlich betrachtet perfekt erscheint, ist wie eins dieser Luxus-Lofts im Hôtel des Invalides: schick, aber kalt, ein Leben in Sichtweite des Grabs! Wenn Sie also nicht glücklicher sind, seit Sie sich mit ihm treffen, sondern eher leicht niedergeschlagen, nehmen Sie Reißaus: Der erste Schritt in Richtung Glück besteht darin, Unglück zu vermeiden. Das mag eine Binsenweisheit sein, aber das macht sie nicht weniger wahr.

PS: Dieses Kapitel ist auch für diejenigen gedacht, die glauben, eine Amour fou zu erleben, aber in Wirklichkeit nur weinend zu Hause sitzen und auf seinen Anruf warten.

Die Goldene Regel: Drei Wochen genügen. Danach horchen Sie in sich hinein. Wenn Sie nicht wollen, dann wollen Sie eben nicht! Schauen Sie sich Cécilia Attias an, die sich mitten in seiner Amtszeit von Nicolas Sarkozy scheiden ließ, oder Eleonore von Aquitanien, die den König von Frankreich sitzenließ, um die Hälfte unseres Landes aus Liebe an England zu verschenken! Wagen Sie etwas! Es gibt so viel Gutes, das Sie noch erwartet.

So macht's die Pariserin:

DIE APFELTASCHE

Was macht eine gute Apfeltasche aus? Die Anzahl der Äpfel? Die Menge an Mehl? Zucker? Butter? Nein. Die Mischung ist der Grund, warum die Apfeltaschen in der Boulangerie Pâtisserie Maison Landemaine so viel besser schmecken als irgendwo anders. Bei einem Mann ist das ganz ähnlich. Die Zutaten sind eigentlich egal – er sieht gut aus, ist intelligent, witzig, kultiviert, zärtlich –, aber am Ende zählt nur der Geschmack!

Überraschung! Er sieht ganz schön komisch aus ...

Anders gesagt: Nach objektiven Kriterien ist er hässlich. Oder schlecht angezogen. Oder beides. Na und? Nehmen Sie Brigitte Bardot, die dem Charme Serge Gainsbourgs erlegen ist. Oder Madame de Staël – sie war hässlich wie die Nacht, hat aber ganz Paris in ihr Bett (und in ihren Salon) bekommen, und das allein dank ihrer brillanten Konversation. Schlimm sind weder seine geschmacklichen Entgleisungen – nehmen Sie ihn einfach zwecks 3-Minuten-Umstyling mit zu APC (werfen Sie dazu einen Blick auf die nächste Seite) – noch, dass sein Oberkörper nicht aussieht wie der von Bixente Lizarazu. Denken Sie an Leonardo DiCaprio: Verrückt, was man aus seinem Körper alles machen beziehungsweise wie man sich gehen lassen kann (es ist ja immer noch Zeit, ihn wieder in Form zu bringen).

Vertrauen Sie sich selbst. Was zählt, ist das Kribbeln im Bauch, wenn er da ist, die magische Anziehungskraft zwischen Ihnen, die Art, wie seine Hände Ihre Sinne entflammen, wie seine Lippen auf Ihrem Hals brennen, wie seine berauschende Stimme Ihnen etwas ins Ohr raunt, wie die Gedanken in Ihrem Kopf rasen, und dass er Sie zum Lachen bringt. Der Rest spielt keine Rolle!

Die Goldene Regel: Wenn man ganz im Bann eines anderen Menschen steht, vergisst man alles Nebensächliche. Geben Sie ihm eine Chance und sich selbst die Gelegenheit, sich überraschen zu lassen. Außerdem ist es wie gesagt nicht schlecht, wenn Ihnen nicht gleich alles an ihm gefällt, dann behalten Sie wenigstens einen (halbwegs) klaren Kopf.

So macht's die Pariserin: MITTAGESSEN IM GRÜNEN

Oder besser in einem kleinen Bistro, das ist noch praktischer. So weiß man innerhalb von drei Stunden (lassen Sie sich ruhig Zeit beim Mittagessen) Bescheid, ist nicht betrunken und hat das Produkt auf Herz und Nieren getestet. Danach kann man arbeiten gehen, ihn schnell vergessen oder große Lust haben, sich noch am selben Abend wiederzusehen.

DAS LE-COSTES-KLISCHEE

Restaurants wie Le Costes sind schön, nobel, aber auch sehr teuer. Außerdem wird man von der Bedienung mit einer Verachtung taxiert, die direkt aus dem Jahr 1990 zu stammen scheint. Passé hoch drei. Heute konzentriert man sich wieder auf das Wesentliche. Denken Sie an Baudelaire: »Das Schöne ist immer bizarr«, und entscheiden Sie sich lieber für den Mann mit dem weniger glatten Äußeren, der innerlich dafür umso mehr zu bieten hat!

Wo kann ich ihn umstylen?

1. Etappe: Es gibt viel zu tun!

Wenn er glaubt, Slim Jeans wären immer noch in, oder wenn er gar nicht über das Thema nachdenkt.

APC: Das ABC der Mode
Hier findet man Raw Jeans aus japanischem Selvedge-Denim und Pullover, die aus jedem ein Sahneschnittchen machen. Puristen können in die Rue Vieille-du-Temple in den **Elevation Store** gehen (doppelt so teuer wie bei APC, der Rolls Royce unter den Jeans). Der Rest: Zeitlose Stücke mit schlichten Schnitten in klassischen Farben (eine beigefarbene Chino, ein Streifenshirt im Marinelook, ein graues Sweatshirt oder ein dickes Karohemd, das aus dem überholten Hipster einen Holzfäller macht).
www.apc.fr – www.elevationstore.fr

Die Männerabteilung von **Le Bon Marché:** eine große Auswahl an Marken auf kleinstem Raum, Effizienz garantiert: Balthazar, die Hausmarke, De Fursac oder Corneliani (etwas teurer), um Anwälte und Banker umzustylen. Letztere brauchen nur ein paar Meter weiter in die Rue Chomel zu gehen, um passendes Schuhwerk zu finden (Caulaincourt Paris). Le Carré Créateurs bietet ebenfalls eine praktisch erschöpfende Auswahl, von J. Crew bis Carven, von Acne bis Lanvin.
24, Rue de Sèvres, 75006 Paris
www.lebonmarche.com

Merci: Das Colette Paris mit seinen Massen von Schaulustigen meidet man besser ... Begeben Sie sich stattdessen in diesen Fair-Trade-Concept-Store, der durch und durch pariserisch ist Eine schöne Auswahl an Regenmänteln, Sweatshirts, Accessoires und einige Originalmarken wie Homecore. Obendrein gibt es in der Nähe unzählige nette Lokale, wo Sie sich danach einen Aperitif gönnen können!
111, Boulevard Beaumarchais 75003 Paris
www.merci-merci.com

2. Etappe: Er braucht nur noch ein paar Tipps

Ami: Ihr neuer bester Freund. Schöne Stoffe, schlichte Farben, klassische Schnitte. Oversize für obenrum; leicht karottig für unten. Besondere Erwähnung verdienen die sehr gelungenen Jacken und Mäntel. Joeystarr ist ein Fan des Wildleder-Dreiviertelmantels – ein neues Basic.
www.amiparis.fr

Maison Kitsune: Hübsche Collegejacken, die nicht amerikanisch aussehen. Kitsuné heißt auf Japanisch »Fuchs«, und man findet diese Marke nur in Paris und an den modeverrücktesten Orten in Tokio.
www.kitsune.fr

L'Éclaireur: Eine Mode-Auswahl mit klaren Linien, um einen besonders schönen Schal zu ergattern oder weil er unbedingt die neue Capsule Collection von Kanye West sehen will ...
www.leclaireur.com

Für Nerds und ganz Eilige: Die App **Mr Porter,** Männermode auf einen Klick, das männliche Pendant zu unserer Lieblingsseite, net-a-porter.com.

Wie wär's mit einem Schäferstündchen?

Er hat vorgeschlagen, sich in einer Hotelbar zu treffen. Sie sind im Le Meurice, nur Sie beide und der Pianist (die drei alten Damen und die beiden saudischen Prinzen sind gegangen). Nach ein paar Spritz sind Sie leicht angeschickert, und er fragt: »Sollen wir uns ein Zimmer nehmen?«

»Tu veux ou tu veux pas« – willst du oder willst du nicht? Brigitte Bardots Frage schwirrt Ihnen durch den Kopf. Wäre es nicht aufregend, *Belle de jour* zu spielen? Das wäre doch mal was anderes, und an einem zauberhaften Ort wie diesem ... Natürlich sagen Sie ja!

Die Goldene Regel: Man tut es nur an einem besonderen Ort. Nicht in einem Motel an der Autobahn! Und man lässt sich nie auf Zeiten wie von 10 bis 11 oder von 15 bis 16 Uhr ein, das ist etwas für Professionelle.

DAS FRENCH-LOVER-KLISCHEE:

Wer hat heute noch die Zeit, das Büro pünktlich um fünf zu verlassen? Niemand! Ein erotisches Stelldichein zur Teestunde zwischen ein wichtiges Meeting und einen noch wichtigeren Aperitif zu quetschen, ist eher mühsam als entspannend. Die Tage des klassischen Schäferstündchens von fünf bis sieben sind dahin. Heutzutage setzt man eher auf das Zeitfenster von 12 bis 14 Uhr, das ist besser für die Linie und außerdem dem Chef gegenüber leichter zu erklären.

Hoteladressen

Anders als in Japan oder Brasilien haben Love-Hotels, in denen Zimmer stundenweise vermietet werden, in Paris keine Tradition, aber es gibt andere Mittel und Wege.

Die Seite www.dayuse-hotels.com bietet Tageszimmer an: ein reizendes Etablissement in der Nähe der Oper, mit Aussicht auf den Montmartre.

In der romantischen Suite mit eigener Terrasse und Whirlpool im Five Hotel kann man Champagner und eine Massage dazubuchen.
3, Rue Flatters, 75005 Paris
www.thefivehotel.com

Im Vice et Versa hat Chantal Thomass sich bei der Einrichtung der Zimmer von den Sieben Todsünden inspirieren lassen.
213, Rue de la Croix-Nivert, 75015 Paris
www.viceversahotel.com

L'Hotel Amour, mit Gästen aus der Modewelt, stundenweise zu mietenden Zimmern, Aktfotos und begrüntem Innenhof.
8, Rue de Navarin, 75009 Paris
www.hotelamourparis.fr

Oder der große Bruder im 10. Arrondissement, L'Hotel Grand Amour,
18, Rue de la Fidélité (aber nehmen Sie den Straßennamen nicht als gutes Omen für Treue).

Lust auf eins von acht Pariser Luxushotels? Am Bristol lieben wir besonders den französischen Garten und die beiden Katzen, die durch die Räume streifen.
12, Rue du Faubourg-Saint-Honoré, 75008 Paris

Strategie? Ja, aber im strategisch günstigen Moment!

In den ersten drei Monaten ist alles Marketing, wie man so schön sagt. Im Bett gibt man sich vielleicht hin, aber außerhalb davon prüft und kontrolliert man sich. Und man schmiedet Pläne.

Das finden Sie traurig? Kein bisschen! Liebe mag nicht das Gleiche sein wie Krieg, trotzdem ist es bei beidem besser, wenn man gewappnet ist. Nehmen Sie zum Beispiel einen Uber-Fahrer. Vor der Fahrt liefert ihm sein GPS die beste Fahrtroute. Aber was, wenn es einen Streik gibt? Oder eine Demo? Oder eine Fashion Week, so dass alle Straßen verstopft sind? Da ist es allemal besser, wenn Sie einen Stadtplan von Paris dabeihaben, um Ihre ganz eigenen Abkürzungen (»Gut, da ist zwar ein Einfahrt-Verboten-Schild, aber nur ein ganz kleines!«) und pittoresken Strecken herauszusuchen. In der Liebe ist es ähnlich: Für den Fall, dass er einen kleinen Telefonstreik veranstaltet, wegen irgendetwas schlechte Laune hat oder sich von einem bulgarischen Topmodel anmachen lässt, haben Sie immer eine Landkarte des Amourösen dabei, um das Spiel der Liebe zu meistern! Mimen Sie die Gleichgültige, wenn er Anstalten macht, sich zurückzuziehen; wissen Sie, wie man ihn eifersüchtig macht oder wie man im Bett alle Register zieht, wenn er Ihnen etwas verzeihen soll. Und wenn Sie wollen, dass er Ihnen einen Gefallen tut, zieren Sie sich ruhig ein bisschen, warum nicht?

Die Goldene Regel: Behalten Sie soweit wie möglich einen kühlen Kopf. Liebe ist etwas Wunderbares, aber sie ist ein Zigeunerkind, und solange sie andauert, kann man sie nicht einfach machen lassen, was sie will.

So macht's die Pariserin:
LA CALLAS

Eines Tages wurde die strahlend schöne Maria Callas mit der goldenen Stimme von dem alten Scheusal Onassis für eine ehemalige First Lady fallengelassen. So weit, so schlecht. Hat sie sich aus Rache dem nächstbesten Präsidenten an den Hals geworfen? Nein. Sie ist verschwunden. Hat die Greta-Garbo-Nummer abgezogen und sich hinter einer der Haussmann-Fassaden im 16. Arondissement verschanzt, um ihren Mann und ihre Stimme (die sie ebenfalls verloren hatte) zu betrauern. Und wie, glauben Sie, ist die Sache ausgegangen? Auf seinem Sterbebett presste Aristoteles eine rote Kaschmirdecke von ihr an sich. Er hat sie nie vergessen können. Wir wünschen Ihnen natürlich mehr Glück in der Liebe. Alles, was wir sagen wollen, ist, dass Abwesenheit einer Liebe nicht schaden kann – vorausgesetzt, dass es wahre Liebe ist.

Er ist immer noch bei Tinder

Wenn er sich offen mit anderen Frauen trifft, kann er sich zum Teufel scheren. Wir sind nicht in den USA! In Paris ist man zusammen, sobald man sich küsst. Vielleicht nur für zwei Stunden, aber es sind zwei Stunden voller Leidenschaft.

Wenn er jedoch nur die App noch nicht gelöscht hat, sein Profil aber nicht mehr aktiv ist, macht ihn das gleich zum gemeinen Schuft? Was ist denn mit Ihnen: Haben Sie sich schon abgemeldet? Oder ist das wie mit Ihrem Vorsatz, mit dem Rauchen aufzuhören: Eine letzte Kippe geht immer? Sie beide stehen noch ganz am Anfang, also steigert man sich nicht zu sehr in die Sache hinein oder bildet sich ein, zu viel bestimmen zu können. Was für ein Gefühl haben Sie? Ein gutes? Dann genießen Sie die schönen Momente, und schon bald verschwinden die kleinen Piktogramme auf Nimmerwiedersehen von seinem Display. Außerdem machen sich manche Jungs einen Spaß daraus, Mädchen zu liken, so wie man ein Videospiel spielt, auch wenn sie schon unsterblich verliebt sind. Konzentrieren Sie sich also auf das, was Sie zusammen erleben, vergessen Sie die Außenwelt, und hören Sie nicht auf die Einflüsterungen missgünstiger Freunde. Bleiben Sie in Ihrer Champagnerblase!

Die Goldene Regel:

Man spioniert dem anderen nicht nach! Damit macht man sich nur selbst verrückt, und obendrein bringt es nichts. Auch Sie haben eine Vergangenheit, einen geheimen Garten und ein seltsames Vergnügen daran, mit dem schönen Unbekannten auf Facebook zu chatten ...

Wenn das Sexting danebengeht ...

»Ich bin in der Dusche, Dunst auf der Scheibe, und ich verspüre eine brennende Lust, deine Hände auf meinen Brüsten, meinen Schenkeln zu spüren, wie das heiße Wasser, dass du mich küsst wie dieser Duschknopf.« Da. Bock abgeschossen. Tödlicher Tippfehler. Das Ganze ist ins Wasser gefallen. Fast so schlimm wie »gehe jetzt ins Bett, bücke dich ganz fest«, wenn man sich schlafen legt. Zwei Stunden später sind Sie wieder angezogen und haben immer noch keine Antwort bekommen. Sie können »Ups. Drücke dich« hinterherschicken. Aber passiert ist passiert.

Statt an Pornographie denkt Ihr Geliebter da wohl eher an Orthographie. Umso mehr, wenn er am Samstagmittag noch im Büro/mit seiner Schwester im Café/mit seinen Kindern auf dem Markt ist. Kurz, es war der denkbar ungünstigste Moment. Und jetzt? Noch einmal, hören Sie auf, den ersten Stein auf sich zu werfen. Tun Sie, als wäre nichts gewesen, und machen Sie einfach weiter mit dem Sexting: »Ich liege nackt im Bett und kann nicht aufhören, daran zu denken, was wir machen werden, wenn du da bist ...« Er antwortet nicht? Vergessen Sie das Ganze, und machen Sie etwas anderes. Machen Sie keine große Sache draus. Er kann Ihre Nachrichten immer noch lesen, wenn er Lust dazu hat. Und glauben Sie uns, das wird er.

Die Goldene Regel:

Sexting – man kann es tun, wenn man es nicht übertreibt, aber man schämt sich nicht dafür. Denken Sie bei jedem Fehltritt an Madame de Maintenon: Sie hatte anfangs keinen Sou, war eine halbe Kurtisane, mit einem alten, gelähmten Rheumatiker verheiratet, der herumgetragen werden musste, aber am Ende hat sie Ludwig XIV. geheiratet! Was das mit dem Thema zu tun hat? Im Leben kann schon mal was danebengehen. Man kann einen schlechten Start haben. Scheitern. Das Wichtigste ist, wieder aufzustehen ... und wie das geht, wissen Sie sehr wohl.

Wir machen Liebe, aber sonst nichts

Will er nur Ihren Körper? Sie sehen sich nur spätnachts oder, wenn es hochkommt, spätabends. Mit dem Ergebnis, dass Ihre Beziehung ebenso undurchsichtig ist wie die Nacht, die Sie vereint, dabei haben Sie wie Riccardo Cocciante in seinem Chanson von Liebe und Sonnenbrand geträumt. Und jetzt kommen Sie nicht mehr aus den eigenen vier Wänden heraus, obwohl die romantische Komödie in Ihrem Kopfkino einen Tee im Salon der Großen Pariser Moschee beinhaltet, einen Spaziergang in den Jardins Albert-Kahn und Küsse zwischen den Colonnes de Buren.

Ganz ehrlich: Irgendetwas stimmt da nicht. Vielleicht haben Sie sich letztlich nichts zu sagen, haben zu wenig gemeinsam und ziehen sich instinktiv auf das Körperliche zurück. Vielleicht haben Sie Angst, Ihre Beziehung der Realität auszusetzen, denn dann kann man sie verlieren. Möchten Sie noch einmal neu anfangen und sich am helllichten Tag lieben, dann machen Sie eine Standortbestimmung und sagen Sie ihm: »Wir müssen reden.« Schlagen Sie ihm vor, die Nacht zu vergessen und sich zum Frühstück zu treffen. Nirgendwo sonst kann man die Freuden eines Butterbrots und einer Tasse schwarzen Kaffees in der Bar an der Ecke so zelebrieren wie in Paris. Nutzen Sie diese Tradition.

Das Wichtigste ist, nach draußen zu gehen, buchstäblich frischen Wind in die Beziehung zu bringen, sie in etwas anderes zu verwandeln als *Der letzte Tango in Paris* in einer Zweizimmerwohnung (in dem Wissen, dass er Marlon Brando nicht im Geringsten ähnlich sieht). Wenn er nicht will, verweigern Sie ihm die Nacht. Adieu, mon ami.

Die Goldene Regel: Liebe im Dunkeln, das geht gar nicht! Nach ein oder zwei Monaten kann es nicht sein, dass eine Beziehung sich auf die Nacht beschränkt! Mag sein, dass er eine Nachteule ist, aber Sie haben doch keinen Vogel!

So macht's die Pariserin:
CHARLES AZNAVOUR

Der andere große Charles, der tausend superbe, wenn auch nicht immer freundliche Chansons über die Liebe schrieb. Es gibt eines, das man sich merken sollte, wenn man die Geduld verliert: »Le temps, le temps, le temps et rien d'autre, le tien, le mien, celui qu'on veut nôtre!« – Zeit, Zeit und sonst nichts, meine, deine, und die, die unsere sein soll. Mit dieser Eselsbrücke können Sie sich daran erinnern, dass eine Liebe nicht immer nach Plan verläuft. Man muss ihr Zeit lassen und das Zeitgefühl des anderen, sein Timing, respektieren (vielleicht will er das, was Sie sofort wollen, erst in einer Stunde). Wenn auch natürlich nicht immer!

Überraschung, er ist verheiratet!

So etwas kommt vor. Sie wollten nicht zur Ehebrecherin werden und er nicht zum Mistkerl, aber Sie sind sich ständig morgens auf der Terrasse des Hôtel Napoléon über den Weg gelaufen, wo Sie sich mit Ihren Freundinnen zum Kaffee treffen, und da sind Sie ins Gespräch gekommen, haben zusammen gelacht, Telefonnummern ausgetauscht ... und heute, Sie wissen nicht genau wie, hat es Zoom gemacht, obwohl er schon vergeben ist.

Gut. Wenn bei ihm nichts mehr läuft, ist es (zumindest etwas) weniger verlogen. Wir werden hier nicht die Moralapostelinnen spielen, und wir sagen das auch nicht wegen seiner Frau – denn wenn sie sich von ihm trennt, kann sie einen anderen Mann kennenlernen, der ihr treu ist! –, sondern um Ihretwillen: Machen Sie lieber, dass Sie wegkommen! Das ist eine heikle Angelegenheit. Eine superheikle.

Andererseits gibt es Angelina Jolie. Und eine ganze Reihe von ungenierten Frauen, die sich nicht darum geschert haben, was andere sagen: sei es George Sand, die zwischen Alfred de Musset und Franz Liszt (den sie einer Freundin ausgespannt hatte) unter einer Beziehung mit einem verheirateten Mann litt. Oder Colette, die ihren eigenen Schwiegersohn in die Liebeskunst einführte und 1925 drei Männer gleichzeitig hatte. Oder Françoise Sagan, das »reizende, kleine Monster«, das barfuß Auto fuhr und Männer wie Frauen liebte. In der Literatur findet man unzählige Vorbilder. Es ist Ihr Leben, und Sie sind eine große Liebende!

Aber Sie müssen sich schützen. Und ihm sagen, dass er sich von seiner Frau trennen muss, entweder sofort – besonders wenn er keine Kinder hat – oder in den nächsten sechs Monaten (auf die Gefahr hin, dass man ihm noch sechs weitere gibt). Wenn nicht, packen Sie Ihre Koffer und verlassen Sie ihn. Leben Sie nicht in seinem Schatten wie die arme Juliette Drouet, eine leidgeplagte Frau, die fünfzig Jahre lang die Geliebte Victor Hugos war.

Die Goldene Regel:

Es ist nicht Ihre Aufgabe, ihn zu drängen, zu gehen, sondern seine, eine Entscheidung zu treffen, in dem Wissen, dass Sie nicht ewig auf ihn warten werden. Und falls er zögert: Wenn er nicht bei Ihnen schläft. Schläft er auch nicht mit Ihnen. Er stellt Sie all seinen Freunden vor, kurz, sie führen ein normales Leben zusammen. Sie sind keine Geliebte, Sie sind eine neue Hoffnung, vielleicht sogar die Chance seines Lebens!

Kann ich ihm ALLES sagen?

Kommt drauf an, was … So wie man unterschiedliche Dinge mit dem Apotheker, dem Blumenhändler oder dem Bankangestellten bespricht und seinen Freunden, seinem Psychiater und seiner Familie jeweils andere Dinge erzählt, so hält man es auch mit seinem Geliebten.

Wenn Sie ihm eine Verletzung aus der Kindheit anvertrauen wollen, raten wir Ihnen, etwas zu warten, das ist nie verkehrt. Aber Sie können am besten einschätzen, wie sehr Sie einander vertrauen. Man hält sich nicht bedeckt vor einem Mann, der sich vor einem entblößt.

Sollten Sie mit ihm über Ihre Sorgen hinsichtlich Ihrer Arbeit, Ihres Gewichts oder Ihrer Freunde reden wollen – immer langsam mit den jungen Pferden, das ist ein Lustkiller! (In der Liste unten finden Sie noch weitere.)

Und auch, wenn Sie ihm Vorhaltungen machen wollen (»Du hättest wirklich Blumen mitbringen/mir früher Bescheid sagen/mich um 20 Uhr anrufen können wie verabredet!«), nochmals ein nachdrückliches Nein!

Die Goldene Regel: Vorwürfe sind unschön. Nach und nach, sanft, entdeckt man sich, lernt man sich gegenseitig kennen (so wie man einen Schuh einläuft).

Eine Liste der Lustkiller

von seinem Ex erzählen | Reden um des Redens willen | Listen – Pläne – Projekte in Bezug auf »uns« aufstellen | über seine Eltern reden | von peinlichen Krankheiten erzählen (oder seinen Verdauungsproblemen – es sei denn, man hat einen Fan des Regisseurs Judd Apatow vor sich) | von seinen Alltagsproblemen erzählen (ein Wasserschaden, eine komplizierte Akte etc.) und/oder seinem Psychiater erzählen | lang und breit von seiner Arbeit erzählen | reden, ohne zuzuhören | reden, ohne zu scherzen

Muss man immer dem Rat seiner Freundinnen folgen?

Nein! Warum auch? Gute, alte Freundinnen sind wie Eltern oder Geschwister, die beim Sonntagsbraten immer dieselben Witze reißen: Sie kennen Sie zu lange, behandeln Sie, als wären Sie immer noch vierzehn und würden über Ihren ersten Kuss reden.

Und wieso wollen Sie sie überhaupt um Rat fragen? Nur, weil Sie erwarten, dass man Ihnen sagt, was Sie hören wollen? Im Grunde Ihres Herzens kennen Sie die paar Regeln, die wirklich wichtig sind: Nicht dem vorzugreifen, was der andere angeblich will, sich nicht selbst etwas vorzumachen, seinen Instinkten zu trauen.

Freundinnen sind für alles andere da!

Die Goldene Regel: Schirmen Sie Ihre Beziehung ab. Sie ist wie ein Spatzenküken, das aus dem Nest gefallen ist, etwas sehr Zerbrechliches. Reden Sie nicht mit jedem darüber, ein falsches Wort kann Sie grundlos beeinflussen. Und wenn Sie die leise Stimme in Ihrem Kopf nicht hören können, tauchen Sie ab, gönnen Sie sich ein wenig Ruhe, und wenn nötig, halten Sie sich eine Zeitlang von ihm fern (vgl. goldene Regel auf Seite 30. Man muss sich Zeit geben.

So macht's die Pariserin:
DIE STAMMKUNDIN AUS DEM CAFÉ

All die klugen, geistreichen Mädels, die Ihnen täglich über den Weg laufen, die Sie aber nicht jeden Tag anrufen, von der Freundin einer Freundin bis hin zu Ihrer Stiefschwester: Mit diesen Frauen können Sie ganz offen sein. Als gute Pariserinnen lassen sie sich durch nichts so schnell erschüttern und können alles mit Abstand betrachten. Oder noch besser: Ziehen Sie einen Mann ins Vertrauen. Der mag zwar etwas ruppig sein, ist dafür aber vernünftig.

Er war diese Woche etwas distanziert. Will er Schluss machen, oder ist es nur eine Phase?

☐ Er macht Schluss   ☐ Es ist nur eine Phase

Sie kennen die Antwort bereits. Im Grunde wissen Sie, dass es nach der berauschenden Anfangszeit völlig normal ist, wenn jeder zu seinem Alltag zurückfindet. Er spielt mit seinen Kumpels Poker, Sie verkriechen sich mit dem Wunsch nach etwas Ruhe, einem guten Buch und einem Honig-Käse-Brot unter die Steppdecke.

Machen Sie sich keine Sorgen. Wenn Ihre Liebe keine Ähnlichkeit mit der in Hollywoodfilmen hat, liegt das daran, dass sie echt ist! Sie brauchen einfach beide mal etwas Abstand, um danach wieder zusammenzufinden. Er ist distanziert? Gönnen Sie ihm ein bisschen Abwechslung. Es wird Ihnen ebenfalls guttun, Ihre kostbare Freiheit zu genießen. Und übertreiben Sie ruhig, wie viel Spaß Sie bei Ihren lockeren Abenden mit Freunden haben: Dann kommt er garantiert bald zurück in den heimischen Stall.

Kurz, hören Sie auf, eine Beziehung danach zu beurteilen, wie konstant sie ist, wie ein Hypochonder, der seine Zeit damit verschwendet, seine Temperatur zu messen. Schöne Momente lassen sich nicht in Gramm abwiegen wie der Tee von Mariage Frères.

Die Goldene Regel:

Selbst wenn Ihre gemeinsame Nacht nur mittelmäßig war, nennt man sie eine »wunderbare Nacht«. Und man spricht es aus. Wie bei einer guten Torte fügt man ein Sahnehäubchen hinzu. Das klingt nach Autosuggestion – und es funktioniert: Bald leuchtet eine ganze Reihe glücklicher Momente im siebten Himmel unseres Betts wie eine Lampionkette am französischen Nationalfeiertag.

Gleich und Gleich gesellt sich gern, oder Gegensätze ziehen sich an?

Was soll man dazu sagen? Sie werden sich ganz schön langweilen, wenn er immer genauso denkt wie Sie. Aber ebenso, wenn er Ihren Geschmack und Ihre Ansichten nie teilt.

Seien Sie wie Jacqueline de Romilly und gleichzeitig wie die alten Griechen, die sie erforschte. Der Mittelweg führt zum Glück. Dann hat er eben ein ratloses Gesicht gemacht, als Sie zu ihm gesagt haben: »Wir zwei sind wie Montaigne und La Boétie.« Dann ist er eben Stammkunde in der Fleischerei Desnoyer, während Sie auf Tierschutz und vegetarische Ernährung bedacht sind. Aber er träumt genau wie Sie davon, Tokio zu erobern, sämtliche Ausstellungen von New York abzuklappern und große, lustige Tafelrunden mit Ihrem buntgemischten Freundeskreis zu veranstalten. Wie Sie beobachtet er gern Leute und macht, wenn Sie die Arbeit schwänzen, jederzeit und in jeder erdenklichen Form mit Ihnen Liebe. Wenn sich zwei Partner zu ähnlich sind, ist das, als würde man immer denselben Nagellack an Fingern und Zehen tragen oder das passende Höschen zum BH: Viel zu spießig für uns!

Die Goldene Regel:

Machen Sie Ihren Partner nicht schlecht, nur weil er Sie überrascht. Das hieße, sich selbst schlechtzumachen. Seine Vorlieben spielen doch keine Rolle. Das Wichtigste ist die magische Anziehungskraft zwischen Ihnen. Wenn Carla Bruni erst Mick Jagger und danach Nicholas Sarkozy lieben konnte, dann deshalb, weil das Gefühl der Liebe wesentlich schöner und komplexer ist als eine simple Frage der Ähnlichkeit.

Sein bester Freund hält Claude Lévi-Strauss für eine Jeansmarke

---

Das kommt davon, wenn man hemmungslos rumknutschen will! Wenn Sie einen Intellektuellen wollen, reißen Sie jemanden in der Galerie Perrotin auf, nicht im Club Le Baron de Paris, da findet man von allem etwas! Aber die eigentliche Frage lautet doch: Ist das wirklich wichtig? Sie sind nicht Ihr Geliebter, und der ist nicht sein bester Freund! Sonst wäre Carla Bruni (schon wieder sie!) eine Mischung aus Donald Trump und Eric Clapton. Jedem das Seine, was soll's? Nutzen Sie das Ganze einfach als kleine Lektion in Sachen Bescheidenheit, das kann dem prätentiösen Bernard-Henri Lévy, der in jedem Pariser schlummert, nur guttun.

Die Goldene Regel:

Man kritisiert niemals seine Freunde. Und, wie wir noch sehen werden, auch nicht seine Familie. Das ist einfach nur dumm. Und es bringt nichts. Außerdem werden Sie sich am Ende sowieso nur noch mit Leuten treffen, die Sie beide mögen

Wie gehe ich bei ihm auf die Toilette?

Sie sind auch nur ein Mensch, und Sie haben ein Verdauungssystem. Nichts, wofür man sich schämen müsste. Heinrich IV. ist sogar vor seinen Untertanen aufs Töpfchen gegangen, aber natürlich zwingt Sie niemand, dasselbe zu tun. Sagen Sie sich, dass es den meisten Männern sowieso egal ist. Sie sind schön und selbstbewusst genug, um nicht die Zimperliche zu spielen. Sexy, aber nicht fade. Lesen Sie den Roman *Die Schöne des Herrn,* in dem Albert Cohen die Folgen exzessiver Romantik anprangert. Er nimmt ein böses Ende. Also stellen Sie sich nicht selbst auf ein Podest aus Pappmaschee, sonst ist der tiefe Sturz vorprogrammiert!

Die Goldene Regel:

Im Falle eines erotischen Marathons, der das ganze Wochenende dauert, riskiert man ihm zuliebe weder eine Blasenentzündung noch einen Darmverschluss! Wenn möglich, geht man in einem Luxushotel etwas trinken (die Toiletten dort sind immer fantastisch, man kann sie auch bei einer Shoppingtour nutzen), und wenn nicht, lässt man einen Film oder ein Lied aus und flitzt schnell ins Bad. Außerdem kann man ein Streichholz anzünden, die Schüssel mit Toilettenpapier auspolstern und das Wasser laufen lassen – auch wenn das nicht gerade umweltfreundlich ist. Aber zu schämen brauchen Sie sich dafür nicht: Sie sind eine Frau, kein Trophäenweibchen, und nur letztere glauben, man dürfe keine körperlichen Bedürfnisse haben.

Er will wirklich Schluss machen ...

Sie haben sich seit einer Woche nicht gesehen und seit zwei Tagen keine Nachricht von ihm bekommen ... Kurz, die Sache wird brenzlig. Selbst das ultimative Vergnügen, noch in der Bäckerei in ein warmes Baguette zu beißen, kommt Ihnen plötzlich fad vor. Das Leben ist nicht mehr schön.

Was tut man dagegen? Zunächst mal verkürzt man sein Leiden und trennt sich von ihm, hocherhobenen Hauptes, bevor er es tun kann. Wenn er einfach nur beschäftigt war, wird er sie anflehen, zurückzukommen. Wenn er Ihre Ankündigung emotionslos zur Kenntnis nimmt, gibt es zwei Möglichkeiten, entweder Sie gehen direkt zu Seite 58 über, oder Sie versuchen, ihn zurückzuerobern. Wie? Erstens: Indem Sie ganz klar sagen, wie sehr Sie an ihm hängen, das wirkt entwaffnend! Zweitens: Indem Sie zu den drei Musketieren werden, zusammen mit Schneid und Lebensfreude. Arbeiten Sie wie eine Besessene, treffen Sie sich mit Ihren Freunden, und bewahren Sie Haltung. Bleiben Sie die großartige Frau, die Sie sind, denn in die hat er sich verliebt, und er wird es wieder tun.

Die Goldene Regel: Seien Sie stets bereit, auf Distanz zu gehen. Und reden Sie von etwas anderem, damit die Tristesse nicht um sich greift.

So macht's die Pariserin:
KARL LAGERFFLD

Modezar Karl Lagerfeld ist von Leuten umgeben, die ihn bewundern, anhimmeln, und zwar von seinem Pferdeschwanz über seine Ringe bis hin zu seiner Katze. Das liegt daran, dass er sich nur mit Menschen umgibt, die alles an ihm lieben. Machen Sie es ebenso. Sie sind viel zu großartig, um Ihre Zeit mit jemandem zu verschwenden, der das nie erkennen wird (wirklich nie!!).

DAS CLAUDE-NOUGARO-KLISCHEE

»Une petite fille en pleurs dans une ville en pluie et moi qui cours après ...« – ein Mädchen, in Tränen aufgelöst in einer verregneten Stadt, und ich laufe hinterher – heißt es in Claude Nougaros Chanson, einem der schönsten, die es gibt; es erzählt die Geschichte einer vernachlässigten Ehefrau, die damit droht, sich in die Seine zu stürzen. So etwas tut man weder sich selbst noch dem anderen an. Wenn Sie zum Seine-Ufer gehen, dann um folgende Verse von Apollinaire zu zitieren: »Sous le pont Mirabeau coule la Seine/Et nos amours, faut-il qu'il m'en souvienne,/La joie venait toujours après la peine.« – Unterm Pont Mirabeau fließt die Seine/Was Liebe hieß, muss ich es in ihr wiedersehn?/Muss immer der Schmerz vor der Freude stehn? – Die Freude kommt wieder. Sie haben schon ganz andere Sachen durchgestanden.

Ich empfinde nichts für ihn. Wie mache ich Schluss?

»Il est des jours où Cupidon s'en fout« – es gibt Tage, da ist Amor alles egal –, wie Brassens singt, Tage, an denen man jegliches Gefühl verliert, aber nicht sein Herz, Tage, an denen die Liebe nicht mehr ist als eine Liebelei. Sie gehen zusammen essen, aber das einzig Prickelnde ist der Champagner, Sie machen Liebe, und es hat dieselbe Wirkung wie ein Bauch-Beine-Po-Training, Sie bekommen SMS, die Sie sofort wieder vergessen, Sie haben kein Bauchkribbeln, kein Herzklopfen, es ist fade, und Sie können nichts daran ändern.

Und jetzt? Um bei einem (fast) französischen Lied von Julio Iglesias zu bleiben, denken Sie sich: »Je sais, en amour, il faut toujours un perdant« – ich weiß, in der Liebe gibt es immer einen Verlierer.

Man kann nicht immer gewinnen, schon gar nicht, wenn man der Hauptgewinn ist!

Die Goldene Regel:

Man macht Schluss, kurz und schmerzlos. Ohne einen Blick zurück (sonst glaubt er womöglich, Sie kommen zu ihm zurück, und ruft Sie noch öfter an als Ihre Bank!). Ohne sich zu rächen (auch wenn er ein Schuft war, man lässt sich nicht auf sein Niveau herab). Und ohne Bosheit (nie per SMS!).

Natürlich nicht in seiner Stammkneipe, damit es nicht gleich alle seine Freunde mitkriegen, und auch nicht an seinem Geburtstag, wenn es sich vermeiden lässt. Aber wo sagt man ihm am besten: »Es liegt nicht an dir, sondern an mir« (das zieht immer)? Eine Trennung lässt sich selten so vorbereiten wie ein Heiratsantrag. Aber wenn Sie nach einem symbolträchtigen Ort suchen, um ihm den (Gnaden-)Stoß zu versetzen:

Wo kann man gut Schluss machen?

Orsay
Ein romantischer Bahnhof, der zum Museum wurde: Ihre Liebe war schön, aber jetzt gehört sie der Vergangenheit an.

La Maison Laduree
Versüßen Sie sich den Abschied beim Konditor.

Place des Victoires
Weil Sie Ihre Freiheit wiedergewinnen.

Les Halles
Weil Sie jetzt beide wieder auf dem Markt sind.

Die Treppe des Palais de Justice
Falls Sie einen großen Abgang wie im Film hinlegen wollen.

Le Salon de l'Agriculture
Zur Landwirtschaftsausstellung, denn selbe gehässigen Bemerkungen gingen auf keine Kuhhaut mehr.

Les Puces de Clignancourt
Auf zum Trödler, denn Ihre Beziehung ist nur noch Ausschussware.

In der Metro-Station **La Fourche**, denn an dieser U-Bahn-Gabelung trennen sich Ihre Wege.

Auch das Singledasein hat seine Freuden! Was tun bei Liebeskummer?

Es ist aus und vorbei. Und das Schlimmste: Es war nicht mal besonders toll. Aber durch ein leidiges Paradox geht es einem, je enttäuschender eine Liebe war und je mehr Opfer man dafür bringen musste, danach umso schlechter. Und wofür das alles? Wir werden Ihnen nicht sagen, dass andere Mütter auch hübsche Söhne haben, oder Ihnen vorschlagen, im Club Med Agadir zu La Compagnie créole zu tanzen, um einen anderen aufzureißen. Nein. Sie müssen zuerst darüber hinwegkommen. Sich richtig ausheulen. Paris ist auch dafür bestens geeignet. Sie können, je nach Geschmack: zu einem Konzert in die Sainte-Chapelle gehen, sich auf einen der Stühle in den Tuilerien setzen, um die Enten zu beobachten, oder stundenlang auf der Pont-Neuf in den Sonnenuntergang starren.

Die Goldene Regel: Lassen Sie los. Löschen Sie all seine SMS, seine Fotos, seinen Namen – unterdrücken Sie sein Facebook-Profil! –,verschanzen Sie sich mit Keksen zu Hause, nehmen Sie ein heißes Bad und hören Sie jede Menge Liebeslieder, von Cabrel bis Jacques Brel, und sagen Sie sich, dass es genug Menschen gibt, denen es noch schlechter geht als Ihnen.

So macht's die Pariserin:
SIMONE VEIL

Denken Sie an all die großen Französinnen, die Sie bewundern. Wofür bewundern Sie sie? Für ihre glückliche Ehe? Ihre vielen Kinder? Mitnichten. Einige hatten großes Pech in der Liebe, aber als Abenteurerinnen, Schriftstellerinnen und Politikerinnen haben sie das Leben beim Schopf gepackt und die Liebe auf andere Art verteidigt. Ja, es ist schön, zu zweit zu sein, aber das ist bei weitem nicht alles! Ein erfülltes Leben zu führen, hocherhobenen Hauptes, rebellisch wie diese Frauen, das ist wirklich grandios!

DAS ROMEO-KLISCHEE:

»C'est lui pour moi, moi pour lui dans la vie« – es gibt nur ihn für mich – singt Édith Piaf in *La Vie en rose* ... Ja, schon, aber ... Das ist nur ein Märchen! Die eine große Liebe unseres Lebens, das ist nur eine Illusion ... zum Glück! (Soll heißen, es gibt mehrere!) Der Mann, mit dem Sie Ihre Zukunft teilen, ist wahrscheinlich »nur« der, mit dem Sie sich eine Zukunft aufbauen möchten. Nicht der, dessen Blick Sie elektrisiert. Der, der Ihnen auf lange Sicht guttut, auf sehr, sehr lange Sicht ...

Hilfe, er ist verrückt nach mir! Das geht mir alles zu schnell!

Egal, womit man gerade beschäftigt ist (Klavier spielen, zu denken, dass Alain Juppé eigentlich gar nicht so übel ist, oder seiner Collegure zu erklären, dass man heute Nachmittag keine Zeit hat, bei ihr vorbeizukommen), ständig bekommt man SMS wie »du fehlst mir«, »alles klar?«, »kann's kaum erwarten, dich zu sehen«, »bis heute Abend«, »war schön, dich zu sehen«, »liebe dich über alles«. Läuft gut, nicht? Aber insgeheim denken Sie: *Kann man eigentlich nie seine Ruhe haben?*

Sie tun ihm unrecht. Liebe ist etwas Wunderbares, man nimmt sie mit offenen Armen an. Und wenn Sie keine Ahnung haben, wie das geht, sagen Sie nicht, Liebe sei das, was Sie suchen. Vielleicht wären Sie lieber wieder Single? Warum nicht (vgl. Seite 107). Aber wenn nicht, erinnern Sie sich an die Komödie *Der Menschenfeind,* in der Molière über wahre Liebende sagt: »Als Tugenden bewundern sie die Mängel [...] Die Riesendame muss als Göttin gelten, Die Zwergin als ein Kleinod bessrer Welten.« Er dagegen besitzt offenbar die Exaltiertheit eines Jacques Brel auf dem Album *Olympia 1964* und den Schneid, Ihnen derlei naiv-glückliche Nachrichten zu schicken, denn er hat begriffen, wie selten die Liebe ist und dass sie alles wert ist. Selbst, über Ihre Fehler hinwegzusehen.

Also genießen Sie diese legitime Vergötterung! Der Mann ist kein Dummkopf, er ist verliebt!

Die Goldene Regel: Man spielt nicht mit der Liebe, und man spuckt auch nicht auf sie! Macht sie kurzsichtig? Ja, zum Glück! Das ist die Basis für alles andere, und es ist doch einfach zu schön!

DAS CARMEN-KLISCHEE

Bizets *Carmen* ist eine der schönsten Opern der Welt, aber auch eine der traurigsten! Eine Frau, die allen Männern den Kopf verdreht, die zwar frei und ungebunden, aber auch zerstörerisch ist. Und am Ende sterben alle, ungeliebt. Wie schön wäre es gewesen, zu singen »Je suis une chose à toi« – ich bin dein. Es geht im Leben nicht darum, sich gegenseitig leiden zu lassen. Wenn Sie ihn lieben, seien Sie nicht dumm und lassen Sie sich von ihm lieben.

Er ist einfach wundervoll ... Ist er die Liebe meines Lebens?

Wenn es so weitergeht und alles Glück, Friede, Freude und eitel Sonnenschein ist, wenn Sie sich immer mehr lieben, je öfter Sie sich sehen, wenn der Wunsch aufkommt, übers Wochenende wegzufahren, ihn all Ihren Freunden vorzustellen, seine Familie kennenzulernen, mit ihm über alles zu sprechen, inklusive »ich möchte dich nicht einen Augenblick lang missen«, ist das kein Grund zur Sorge. Sicher, ein noch unbekanntes Leben kündigt sich an. Aber nur kein Liebes-Lampenfieber!

Zu lieben bedeutet ja immer auch ein Risiko. Denken Sie an all die Ängste, die Sie überwunden haben, und was für ein gutes Gefühl das war: Wie damals, als Sie in einer gottverlassenen Bar in Miami kellnerten und Sie wegen Ihres Akzents niemand verstanden hat, oder als Sie Ihren deutschen Freund in Dresden besuchten, obwohl Sie ihn erst zwei Tage kannten.

Warum wollen Sie, dass das aufhört? Das Glück ist ebenfalls eine Option, meine Damen. Stürzen Sie sich auf ihn, singen Sie Céline Dion, tanzen Sie jetzt, auf der Stelle!

Die Goldene Regel: Denken Sie nicht an morgen, fragen Sie sich nicht, ob er der Vater Ihrer Kinder sein wird, stellen Sie sich nicht vor, mit ihm alt zu werden, genießen Sie einfach diese neue Liebe, einen Tag nach dem anderen.

So macht's die Pariserin:
DER PARKBANK-TEST

Setzen Sie sich auf eine Bank.
Vergessen Sie die Zeit. Nehmen Sie
innerlich Abstand von der Geschäftigkeit
um Sie herum. Nur für ein paar Minuten.
Atmen Sie tief durch und schließen Sie die Augen.
Wie fühlen Sie sich? Spüren Sie, wie ein
warmes Gefühl, ein Lächeln in Ihnen aufsteigt?
Hurra! Dann sind Sie bereit für Teil 2.

Die fünf besten Bänke zum Küssen!

1. Unter einem Bäumchen
im **Jardin des Archives Nationales**.
Weil dieser Garten im Marais
etwas von einem Geheimgang hat und
man sich dort inmitten von Blumen und
zwitschernden Vögeln lieben kann.
Ein idyllisches Fleckchen Erde
im Herzen von Paris!

2. **Im Jardin des Tuileries**
bei den Statuen Apollon und
Jeanette von Paul Belmondo. Weil man dort
mit dem Rücken zu den Passanten sitzt
und sich sagen kann, Liebe ist, wie Michel Berger
es in »Quelques Mots D'amour« ausdrückt,
die Begegnung zwischen einem Schmetterling
und einem Stern.

3. Eine Steinbank im Cour Carrée des **Louvre**
weil die vorbeigehenden Touristen einen nicht sehen,
weil die Pont des Arts direkt gegenüber ist, weil ein
Geigenspieler unter einem Portalvorbau spielt,
und weil man sich, wenn einem vor lauter Liebe
zu heiß wird, am Brunnen
erfrischen kann ... Es ist wie
Rom in Paris!

4. **Am Square du Vert Galant**.
Weil man dort die Szene aus Titanic
nachspielen kann, in der Leonardo DiCaprio und
Kate Winslet am Schiffsbug stehen,
denn der Platz ist quasi der Bug der
Île de la Cité. Und weil man sich
vor einem der schönsten
Sonnenuntergänge der Welt küssen kann.

5. **In Montmartre**, unter dem Laubengang
des Square Marcel Bleustein-Blanchet.
Weil, auch wenn die Aussicht auf der anderen Seite
besser sein mag, hier das Leben schöner ist:
Man steht unter einem Baldachin aus wildem Wein,
von zudringlichen Blicken geschützt,
wie in einem Traum. Und in der Nähe
von Sacré-Cœur überlässt man sich von
ganzem Herzen der Liebe.

Zugabe,
Zugabe!
Es geht
weiter ...

Ein neues Abenteuer beginnt ... Seit Wochen trauen Sie Ihrem Herzen nicht mehr, es flattert und springt und trällert den alten Trenet-Chanson: »Y a d'la joie, bonjour, bonjour les hirondelles!« – Welch eine Freude, grüßt euch, grüßt euch, ihr Schwalben! Ein gutes Gefühl, süß und prickelnd ... aber es macht Sie halb wahnsinnig! Als anständige Pariserin befürchten Sie erstens, jene »Freiheit, geliebte Freiheit« aufgeben zu müssen, deren Namen Sie wie Paul Éluard am liebsten »auf jeden Hauch Morgenrot (...), auf das Moos der Wolken« schreiben würden; zweitens, etwas nüchterner, wegen dieser Geschichte noch den Verstand und drittens *ihn* zu verlieren!

Das erste Jahr hat etwas von einer gefüllten Blätterteigschnitte – Fragen über Fragen, und dazwischen süße Creme – köstlich, klar, aber auch ganz schön mächtig: Was tun, wenn sich der erste Streit zusammenbraut? Und wenn ein Abend mal nicht so läuft, ist das schon der Anfang vom Ende? Wohin fährt man übers Wochenende, ohne wie ein Rentnerpärchen in einem Relais & Châteaux-Luxushotel zu wirken? Darf man ihm all seine Fantasien eingestehen? Vielleicht sogar sagen, dass man sich vorstellen könnte, ihn zu heiraten? Oh, là, là! Moment mal! Eine junge Liebe, das ist in Paris mehr als eine Reise ans Ende der Nacht – es ist eine fröhliche Revolution! Erinnern Sie sich immer wieder daran: *Ça ira, ça ira* – Wir schaffen das, wir schaffen das!

Was für ein toller Mann! Hilfe, ich fürchte um meine Freiheit!

Aber wer sagt denn, dass Sie irgendetwas aufgeben sollen? Welcher Mann, der sein Herz an eine leicht durchgeknallte Frau verloren hat, die ihm schon im Aufzug das Hemd aufknöpft, wenn er mit ihr leicht angeschickert vom Rosé vom Pétanque-Wettbewerb auf der Place Dauphine zurückkommt, würde sie jetzt brav in Satinpantoffeln am Herd sehen wollen?

Fürchten Sie vielleicht, leidenschaftlich wie Sie sind, diese aufkeimende Liebe könnte in Ihrem Leben eine Revolution lostreten? Erstens: Ihr neuer Freund ist genauso schwärmerisch – und besorgt! – wie Sie. Und zweitens: Was könnte spannender sein als ein neues Leben? Als sich zu verändern und in ein Abenteuer zu stürzen? Den anderen zu entblättern und sich entblättern zu lassen, das gleicht einer Partie Strip-Poker, bei dem man den Hauptgewinn mit nach Hause nehmen darf!

Sie werden jetzt solide, fürchten Sie? Erleben nichts mehr? Unsinn. Das Glück liegt im Hier und Jetzt, diese neue Situation birgt tausend Glücksfacetten: Vor Ihnen liegen neue Freiheiten und neue Herausforderungen, die weitaus spannender sind als die große Frage, ob er nun anruft oder nicht. Ihre witzigen Mädelsurlaube zu zehnt? Auch wenn Sie liiert sind, können Sie sich für ein paar Tage davonstehlen und zu ihren Freundinnen gesellen. Und das Ausgehen? Das wird noch genauso lustig sein, nur dass Sie zum krönenden Abschluss zu ihm ins Bett schlüpfen! Ihre albernen Romantikfantasien? Die machen Sie jetzt wahr: Rauf aufs Bateau Mouche! Und das Beste? Sie bekommen Sex, so viel Sie möchten.

Die Goldene Regel:

Lassen Sie sich auf das neue Glück mit all seinen Möglichkeiten ein, aber halten Sie, sprichwörtlich gedacht, stets ein gepacktes Köfferchen bereit, damit Sie im Fall eines Falles gehen können. Wenn er darum weiß, wird er sich hüten, Sie in Ihrer Freiheit einzuschränken.

Wer ruft an? Spielen wir weiter Spielchen?

Sie gehen in eine Beziehung, nicht ins Kloster. Keine Verführung mehr? Kommt gar nicht in Frage! Sie bleiben schließlich eine Frau und ein Mann, tanzen einen Pas de deux, genießen die erotische Distanz eines letzten Tangos in Paris. Denken Sie an die Klassiker: Die einst so schillernd ausgemalte und so heftig umworbene Frau in Benjamin Constants *Adolphe* fällt in sich zusammen wie ein Soufflé, als sie zu präsent ist. Das Spiel ist also noch lange nicht zu Ende! Vielmehr verinnerlicht man es wie das allabendliche Abschminken oder den gelegentlichen Gang in eine Bibliothek, um den Geist mit zufällig aufgelesenen Sätzen zu nähren: Es ist eine Art Lebenshygiene. Man ruft also selten zuerst an, ändert seinen Status auf Facebook nicht zu »in einer Beziehung«, hat nicht immer Zeit für ihn und wartet nach dem Mädelswochenende in Kopenhagen, bis er fragt, wie es war.

Die Goldene Regel: Erinnern Sie sich an unsere Regel auf Seite 30: Lassen Sie *ihn* kommen! Klingt altmodisch? Mag sein, aber es macht Sie unwiderstehlich. Und Sie werden es genießen, wenn er Sie von sich aus anruft, Ihnen ein wenig nachläuft oder unerwartet bei Ihnen vor der Tür steht. Am Anfang einer Beziehung, in der Mitte und sogar am Ende: Es geht immer um Verführung. Darum, wer in den *Moralischen Erzählungen* von Rohmer, in einem Truffaut-Film oder auch in *St. Tropez* eine gute Figur abgeben würde. Und es wäre doch schade, wenn nur aus Bequemlichkeit schon in der zweiten Staffel im Regen von Saint-Laurent-du-Var Schluss wäre.

So macht's die Pariserin:
DER METRO-TRICK

»Kein Empfang« – das Pariser Pedant zum angeblichen Tunnel, wegen dem Sie leider gleich auflegen müssen. Wenn Sie es kaum noch aushalten und ihn unbedingt anrufen wollen, schalten Sie diesen Drang aus, indem Sie kurzerhand Ihr Handy abschalten. Nach einer Fahrt von Étoile bis Saint-Paul oder von Odéon bis Château d'Eau werden Sie wieder einen kühlen Kopf haben und begreifen, dass es keinen Grund gibt, sich mit einem Anruf bei ihm zu beruhigen. Und höchstwahrscheinlich ist er in der Zwischenzeit schwach geworden!

Ins Montana, in die Oper oder zu Sephora? Die ersten Aktivitäten zu zweit

Zu zweit und verliebt ist man albern. Alles ist witzig, alles ist schön. Tun Sie also, was Ihnen gefällt! So lange Sie es nicht spielen. Man dichtet sich keine Leidenschaft für Béjart an, wenn man noch nie von Benjamin Millepied gehört hat, und man präsentiert sich nicht als Nightlife-Sternchen, wenn man nicht mal den Vornamen der Empfangsdame im Montana kennt. Nehmen Sie sich stattdessen lieber die lange Liste all dessen vor, was Sie schon immer mal hören, sehen oder lesen wollten: Konzerte, Filme, Orte und Autoren. Zu zweit wird das Entdecken noch mehr Spaß machen! Sie lieben Berlioz? Dann schleppen Sie ihn mit in die Oper Bastille, und anschließend runden Sie den Abend auf dem Tuilerien-Jahrmarkt am Schießstand ab und lecken sich die Schlagsahne einer gemeinsam gegessenen Waffel von den Fingern.

Man behält seine Gewohnheiten, auch die schlechten, und ruft sich immer wieder die Maxime von Cocteau in Erinnerung: »Kultiviere das, was man dir vorwirft, denn das bist du.« Man isst im berühmten »Derrière«, allein schon um zu sehen, ob er den Namen zum Anlass für einen Scherz nimmt, man spaziert stundenlang durch Paris und geht bis in die frühen Morgenstunden tanzen. Und *seine* Interessen? Natürlich sind Sie neugierig darauf! Rugby-Abende als Vernissagen, unter dem Motto: »Das Tier im Manne« ...

Die Goldene Regel:

Lassen Sie sich tragen. Genau wie im Bett gilt auch hier: Der eine lässt den anderen von seinen Leibspeisen kosten. Aber das Beste ist, wenn Sie sich mit Ihrem neugefundenen Elan auf einen dritten Weg wagen ... den, der nur Ihnen beiden gehört! Zu zweit macht man plötzlich Dinge, die jeder für sich noch nie getan hat. Ein Trödelmarkt in Meudon, ein Nachmittag im alten Schwimmbad Molitor, ein Orgasmus in den Galeries Lafayette!

Er hat
seltsame Fantasien

...

Sie waren ziemlich aufgeheizt und ein wenig ange-heitert, als Sie aus dem Restaurant kamen, um ein Haar hätten Sie sich auf der Motorhaube irgendei-nes Wagens aufeinandergestürzt ... und da sagt er plötzlich: »Sollen wir uns nicht mal dabei filmen?«

Sie wissen nicht recht. Es liegt nicht einmal an Ihrer moralischen Haltung zu diesem Thema – erlaubt ist schließlich, was niemandem schadet –, das Problem ist vielmehr die körperliche Haltung: Sie verspüren nicht das geringste Bedürfnis, sich selbst in Reiterstellung wie wild auf Ihrem Liebsten herumhopsen zu sehen! Ganz zu schweigen davon, was passiert, falls das Filmchen in falsche Hände gerät ...

Ob Sie ja oder nein sagen, ist egal, aber denken Sie daran, dass jeder die eine oder andere schmut-zige Fantasie hat. Das Gute ist, dass Ihr Freund sie Ihnen anvertraut. Sie können ihm nun Ihrerseits Ihre anvertrauen – die, die Sie in die Tat umset-zen wollen, und die, die nur Ihrer Erregung dienen –, weiter ist nichts dabei. Das Schärfste, das Ero-tischste daran ist, dass Sie es wagen, sich in dieser Hinsicht voreinander nackt zu machen. Das ist das Tolle an einer dauerhaften Partnerschaft: Ist der Sex heute nicht um Län-gen besser als damals mit achtzehn? Hier ist es genauso: Sie wagen Neues, gehen gemein-sam Schritt für Schritt weiter, und mit der Zeit wird es immer intensi-ver und immer besser.

Die Goldene Regel:

Wo zwei Erwachsene in beiderseiti-gem Einverständnis handeln, haben Moralvorstellungen nichts zu suchen. Ein erfülltes Sexualleben bedeutet, miteinander zu reden, sich auszu-tauschen, Neues auszuprobieren. Sie können ja sagen, aber genauso gut auch nein!

Die elfte Nacht bei ihm – nackt oder im Nachthemd?

Sie werden zum ersten Mal bei ihm übernachten, und zwar nicht spontan, nachdem Sie mit ihm im Bett gelandet sind, sondern weil Sie den Abend zusammengekuschelt mit ihm auf dem Sofa verbringen und sich einen alten Belmondo-Film aus der Godart-Ära ansehen möchten, oder irgendetwas im Stil von *Abenteuer in Rio*. Sie werden also ganz selbstverständlich in seinen Armen schlafen. Fragt sich nur, wie. Splitternackt wie in den allerersten Nächten? Oder im Seidennegligé wie Grace Kelly bei James Stewart, als sie in *Das Fenster zum Hof* mit einem winzigen Schminkköfferchen bei ihm ankam, aus dem sie einen rosa Hauch von Nichts und winzige Satinschläppchen herauszog ...?

Machen wir ein Spiel. Wofür entscheiden Sie sich?

1. Nackt schlafen
2. Ein sexy Nachthemd anziehen
3. Ihm ein altes T-Shirt stibitzen
4. Das Top vom Abendessen anbehalten
5. Das Ensemble aus Hemdchen und Shorty anziehen, das Sie bei ihm deponiert haben

Falls Sie etwas anderes als 1, 3 oder 4 geantwortet haben, Vorsicht: Man bringt kein Schminkköfferchen mit und lässt auch keine Nachtwäsche bei ihm liegen, als wollte man sein Gebiet markieren (Stichwort: Haare in der Bürste ...) Liebe ist Abenteuer! Man nimmt nur so viel mit, wie in eine Flugtickethülle passt.

Die Goldene Regel: Man ist unanständig (splitternackt!), unverschämt (weil man sein altes T-Shirt selbstverständlich behält) oder eine kleine Diebin (weil man sich an seinen Sachen vergreift), aber man amüsiert sich, denn das Leben ist so viel schöner, wenn man es als eine einzige Feier betrachtet.

DAS KLISCHEE: DIE FEE LILAS

Nein, man sieht beim Aufwachen weiß Gott nicht so perfekt aus wie die hinreißende Delphine Seyrig in Jacques Demys Meisterwerk, eher ist man Eselshaut alias Catherine Deneuve, die aber mindestens ebenso bombastisch aussieht! Stehen Sie also nicht vor ihm auf, um sich schnell zu schminken und zu frisieren und dann wieder unter die Bettdecke zu schlüpfen, als wäre nichts gewesen. Bleiben Sie, um es mit Racines Worten zu sagen, »schmucklos schön im schlichten Kleide, die Jungfrau, welche man dem Schlaf entrissen«. Dann sind blumige Morgenstunden garantiert!

Das Kosmetiktäschchen

Alles zum Auffrischen vor dem Restaurantbesuch
oder dem spontanen Wochenendausflug

Es passt hervorragend in jede Shopper-Tasche, ansonsten können Sie es
im Auto oder in einer Büroschublade aufbewahren …

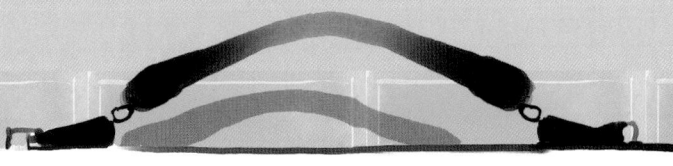

Das ansprechende Äußere: Hübsche Schminketuis gibt es bei Paul & Joe Sister.
Die inneren Werte: Es enthält die unverzichtbaren (und multifunktionalen)
Basics für ein strahlendes Äußeres zum Aperitif:

Einen Mascara, Eyes to kill von Giorgio Armani

Einen Augenbrauen-Fixierstift von L'Atelier du sourcil

Einen Concealer Touche Éclat von Yves Saint Laurent: zum Kaschieren von Augenringen und Rötungen. Für einen offeneren Blick geben Sie einfach ein wenig unter den Brauenbogen oder in den inneren Augenwinkel

Rouge By Terry (Puder oder Aqua-Schaum-Textur, ganz nach Belieben) in zarten Farben und voller guter Inhaltsstoffe, oder ein Fläschchen Benetint Wangen- und

Lippenfarbe, um im Handumdrehen natürlich und frisch auszusehen

Eine Tube Homéoplasmine als Lippenbalsam, als Highlight auf den Wangenknochen oder als Lidschatten, der den Blick zum Strahlen bringt

Ein Mini-Trockenshampoo von Klorane, Karl Lagerfeld wäre ohne verloren!

Ein Eau-de-Beaute-Spray von Caudalie, als Soforterfrischung für müde Haut auf einem leichten Make-up

Ein Orangenblüten-Eau-de-Toilette von Courrèges, für einen Hauch von Frühling und Verliebtsein

Und wenn mich seine Kinder nicht mögen?

Sie haben sie zwar noch nicht kennengelernt, aber vorsichtshalber schon einmal alles besorgt, was Sie als Kind mochten, damit die Kleinen angesichts von Hörnchen, Kochschinken und La-vache-qui-rit-Schmelzkäse dahinschmelzen? Wir kommen immer wieder auf unsere Regel Nummer eins zurück: Bleiben Sie sich selbst treu! Und finden Sie die richtige Mischung aus Nähe und Distanz. Natürlich sind Sie nicht ihre Mutter, aber lieben Ihren Freund mit allem, was zu ihm gehört, inklusive seiner kleinen Schätzchen. Die nicht nach Ihnen gefragt haben. Wenn Sie also Lust haben, helfen Sie ihrem Papa, ein leckeres Abendessen zu zaubern (Ihren Aperitif behalten Sie dabei in der Hand), oder lassen Sie ihnen ein Bad ein (während sie quasi nebenbei eine Partie »Doktor Bibber« mit ihnen zu Ende spielen). Alles, ohne zu übertreiben natürlich. Und wenn sie zu Ihnen sagen: »Iih, bist du aber hässlich«, antworten Sie nicht: »Du auch!«, sondern bleiben eine erwachsene Frau. Aber Sie schlagen zurück, und zwar mit Ihren Waffen: Sie gehen mit ihnen in den Zoo oder ins erstbeste Spielwarengeschäft und kaufen ihnen etwas Schönes. Es mag abgeschmackt wirken, aber es funktioniert und macht Spaß!

Die Goldene Regel:

Sie sind zwar weder ihre Mutter noch ihre beste Freundin, aber auch nicht irgendwer. Am besten betrachten Sie sich als sympathische Tante. Wenn Sie gern auf dem Balkon Tomaten pflanzen, Crêpes mit Nutella backen, Verstecken spielen oder einen großen Pizzaabend veranstalten möchten – nur zu! Jetzt ist der richtige Zeitpunkt, um noch mehr als sonst wieder Kind zu sein ... zumindest, bis die Babysitterin kommt und Sie sich freudig wieder Ihren Erwachsenenspielen zuwenden.

Hilfe, er ist Implantologe!

Ihre Augen begannen zu leuchten, als Ihr Ex sagte: »Ich bin Fotograf«, der Beruf, der für die Frau in den Dreißigern das ist, was der Gymnasiastin der Gitarrist ist. Ach, die unvergesslichen Porträts, die er von Ihnen machen würde! Blöd nur, dass er sich auf Klassenfotos spezialisiert hatte. »Filmproduzent«, das klang vielversprechend. *La Vie en Rose II*, mit Ihnen in der Hauptrolle! Aber dieser andere Liebhaber arbeitete nur für Konzernkunden, produzierte Filme für Areva oder die SNCF. Jetzt also ein Implantologe, warum auch nicht? Wer weiß, vielleicht ist François Hollandes Lächeln ja sein Werk, und Sie kommen jetzt in den Genuss einer Gartenparty im Élysée-Palast! Kurz und gut, der Beruf allein sagt noch nicht viel über einen Menschen aus. Es gibt witzige Rechtsanwälte und DJs, die zum Lachen in den Keller gehen!

Die Goldene Regel: Man beurteilt niemanden nach seinem Beruf, sondern interessiert sich für die Abläufe, die Aufgaben, die Art, wie jemand seinen Beruf lebt und wie er darüber spricht. Wenn er sich von morgens bis abends über den Mund anderer Menschen beugt, dann ist das vielleicht seine Art, stehend Klavier zu spielen und die Menschen glücklich zu machen. Oder einfach nur, seinen Lebensunterhalt zu verdienen? Wäre ja noch schöner, wenn er sich dafür schämen müsste.

So macht's die Pariserin:

BEISPIEL: CHRISTINE LAGARDE

Kennen Sie den Partner der IWF-Präsidentin?
Nein, weil er niemanden interessiert! Eine große Frau
braucht keinen Mann, um zu glanzen. Lassen Sie Ihrem
Liebsten also ruhig sein Go-go-Tanzen, wenn ihm danach ist.
Erhobenen Hauptes und aufrecht wie der Eiffelturm steht die
Pariserin darüber, was andere denken könnten.

Deine, meine, unsere Freunde?

Wenn man ein, zwei Monate zusammen ist und Gott und der Welt von seinem Liebsten vorgeschwärmt hat, kommt von den Freunden unweigerlich irgendwann die Frage: »Und wenn du ihn einfach mal mitbringst?« Ja, ja und nochmals ja! Was könnte es Besseres geben, als dem anderen die eigene Welt zu zeigen oder seine Freunde kennenzulernen?

Klingt also nach einem guten Vorschlag. Aber Vorsicht! Meiden Sie das vierzehn Tage im Voraus geplante Pärchen-Dinner, das Treffen der alten Abi-Clique, auf dem Insider-Witze erzählt werden, und die Weihnachtsfeier mit Kollegen.

Die erste Begegnung mit Ihren Freunden sollte etwas Spontanes haben, sich genau wie die Liebe mehr oder weniger zufällig ergeben – weil man sich am Abend zum Essen noch im Perchoir trifft und es total nett wäre, wenn er auch käme; weil man spontan zum Karaoke in ein chinesisches Restaurant in Belleville geht und es mit ihm bestimmt noch lustiger würde oder weil man zufällig auf der Vernissage einer Freundin ist und er ganz in der Nähe wohnt. Ganz egal, Hauptsache, Sie machen kein Großereignis daraus.

Die Goldene Regel:

Verbannen Sie Gedanken wie: »Was denken die anderen wohl über ihn, über mich?« Sie sind nicht er, und er ist nicht Sie; Ihre Freunde kennen Sie und mögen Sie so, wie Sie sind, egal mit wem sie zusammen sind. Dasselbe gilt für ihn! Sie haben das Recht, ein wenig schüchtern oder gleichgültig zu sein – denken Sie an das Chanson von Julien Clerc: »Sa façon d'être à moi parfois vous déplaît, mais elle est ... ma préférence à moi« – ihre Art gefällt euch manchmal vielleicht nicht ... doch ich mag sie am liebsten so. Es steht ihm zu, Sie ein wenig zu beschämen – beim Tanzen in den Spiegel zu sehen, die ganze Zeit kein Wort zu sagen und dann mit einem blöden Witz herauszuplatzen –, ganz egal, man ist nicht da, um den anderen zu gefallen, sondern um einander kennenzulernen. Und vor allem werden am Ende keine Noten vergeben!

LA PALETTE

Die besten Läden in Paris, um ihn vorzustellen

Im La Palette, wo man sich bei einer Flasche Wein und einer Käseplatte trifft. Ein wunderschönes Bistro, das schon Cézanne und Picasso besucht haben und das heute Treffpunkt der jungen er Schickeria ist.
43, Rue de Seine, 75006 Paris

Im Mansart, wo ebenso der Geist der Rive Droite kultiviert wird. Nicht ganz so geschichtsträchtig, dafür rockt es mehr.
1, Rue Mansart, 75009 Paris

Bei Joe Allen, an dem sowieso kein Weg vorbeiführt, am Sonntag auf einen Burger, denn als echte erin haben Sie am Samstag nicht mehr eingekauft und sterben nach einer ausgedehnten Siesta bis weit in den Nachmittag hinein vor Hunger.
30, Rue Pierre-Lescot, 75001 Paris

Im Perchoir, falls Sie es moderner mögen, wegen der Dachterrasse, den Cocktails und dem herrlichen Blick über die Dächer von Paris.
14, Rue Crespin-du-Gast, 75011 Paris

Im Wanderlust unter dem Dach der Cité de la Mode et du Design. Die Terrasse übersteigt die Vorstellungskraft des durchschnittlichen Parisers, der es gewohnt ist, seinen Stuhl zwischen zwei Pflastersteinen zu verkeilen. Die Röhrenkonstruktion direkt an der Seine ist der ideale Ort für ein Glas Wein bei guter Musik!
32, Quai d'Austerlitz, 75013 Paris, oder das Nuba direkt nebenan.

Seine Mutter liebt mich!

Halleluja! Sie haben nichts vorgespielt, Sie finden sie wirklich nett, ihre potentielle Schwiegermutter in spe, und das beruht auf Gegenseitigkeit! Sie kocht ein Ossobuco zum Niederknien und versucht nicht einmal, Ihnen das Rezept aufzudrängen, sie erzählt Ihnen von der Arbeit wie eine Freundin und versichert Ihnen, Kinder seien »wunderbar, aber es gehe ja nichts über das Leben zu zweit«. Und zu ihrem aktuellen Ehemann, mit dem Sie gerade eine launige Stunde im Rauchsalon verbracht haben, können Sie sie nur beglückwünschen. Kurzum, diese Frau macht mehr Spaß als viele Ihrer gestressten Freundinnen. Am liebsten würden Sie sie zum Tanzen mit ins Castel nehmen. Aber das werden Sie nicht tun! Denn zu den Schwiegereltern hält man heutzutage Distanz. Ob sie sympathisch sind oder unausstehlich – man ist viel zu unabhängig, um viel darauf zu geben. Man stellt einander keine Fragen mehr: Die Familie des anderen ist so etwas Ähnliches wie Weihnachten, bestenfalls eine Völlerei mit köstlichem Kuchen, schlimmstenfalls sehr anstrengend, aber alles in allem eine nette, vorübergehende Angelegenheit.

Die Goldene Regel: Idealerweise findet die erste Begegnung auf der Entbindungsstation statt, nach der Geburt des ersten Kindes. Selbst wenn Madame im Nachbar-Arrondissement wohnt. Noch wichtiger: Man redet nie schlecht über die Schwiegereltern. Man tut so, als würde man sie mögen, selbst wenn das nicht der Fall ist. Schlimmstenfalls sieht man sie erst beim zweiten Kind wieder.

Geschenkideen für den ersten Besuch bei der Schwiegermutter

Ein hübscher und zeitloser Gürtel von APC.

Eine Stola (von wegen altmodisch!) aus der riesigen Auswahl von L'Éclaireur (fünfmal in Paris).

Ein Céline-Schlüsselanhänger.

Eine Geschenkset von Fragonard. Wählen Sie klassische Parfums, die Riesenduftkerze Figue noire – Tabac blond oder ein Ensemble aus kleinen bunten Dekoelementen.

Eine Kerze von Diptyque (uns gefallen die Duftrichtungen Pomander, Holzfeuer, Freesie, Süße Myrrhe und Beere) oder von Cire Trudon (Obalisque, Abd el-Kader …) direkt aus dem kleinen Laden an der Rue de Seine 78, 75006 Paris.

Ein hübsches Notizbuch oder ein Glücksbringer-Medaillon für die Handtasche aus dem Droguerie-Bazar Chic d'Inès de la Fressange. 24, Rue du Bac, 75007 Paris. www.inesdelafressange.fr

Verdammt!
Das Glück macht
dick ...

Allmählich rächen sich die durchliebten und durch-
schlemmten Wochenenden, das spätabendliche
Stück Ziegenkäse zum Champagner, all die Besuche
in neuen kleinen Restaurants und die All-you-can-
eat-Brunchs, und Sie passen nicht mehr in ihre Lieb-
lingsjeans. Vorsicht! Wenn man sich schon nach ein
paar Monaten gehenlässt, stehen die Zukunftschan-
cen schlecht. Reißen Sie sich also schnell wieder am
Riemen ... aber ganz diskret. Kein Karottenpüree für
zwei also, und drohen Sie ihm auch nicht damit,
einen Termin zur Lipomassage zu vereinbaren,
wenn er sich noch ein Stück Baguette nimmt. Über
das eigene Gewicht spricht man ebenso wenig wie
über die Verdauung, und man beschimpft ihn auch
nicht, egal wie sehr man sich über ihn ärgert: Solche
Grenzen sind wichtig! Nehmen Sie also ohne großes
Aufheben die Treppe, wenn der Aufzug gerade nicht
im Erdgeschoss ist, und nutzen Sie die Abende,
an denen Sie allein sind, um sich ein leichtes Bio-
Süppchen zu kochen.

Die Goldene Regel:

Geliebt zu werden bedeutet, man
selbst sein zu dürfen – die beste Version seiner selbst. Nicht die dicke, die
faule oder die langweilige. Nutzen Sie
Ihren Spaß am Verführen, um sich in
Form zu halten.

Sie haben Probleme bei der Arbeit, und ihm ist es egal

Gestern stand es plötzlich fest: Sie kündigen! Ihr einstiger Traumjob ist nur noch eine Abfolge sinnloser Meetings, und am Ende hat sowieso immer die Marketingabteilung das letzte Wort. Sie waren wirklich kurz davor, alles hinzuschmeißen und ein Bed & Breakfast in der Bretagne zu eröffnen. (Wie alle drei Monate.) Anfangs schien er Ihnen auch noch zuzuhören, Ihre Naturverbundenheit zu bewundern, aber nach einer Viertelstunde würgte er Sie ab: »Ich versteh dich ja, *mon amour,* aber ich hab noch zu tun. Bis später, ja?«

»Das ist ja wohl das Letzte!«, schimpfen Sie beim Aperitif mit Ihren Freundinnen. Vor Ihnen steht die Statue von Henri IV zu Pferd, ein Mann, der für sein Land bereit war, seine Konfession zu ändern – und Ihr Freund nimmt sich nicht einmal fünf Minuten Zeit, um Sie zu trösten? Haben Sie sich in ihm getäuscht? Ganz sicher nicht! Doch er ist weder Ihr Vater noch der Weihnachtsmann. Die Liebe hat ihre Grenzen, und das ist auch gut so: Sie sind kein kleines Mädchen mehr, dem er die Tränen abwischen muss, und er muss auch nicht dauernd den verständnisvollen Beschützer spielen. Füreinander da sein und einander unterstützen bedeutet nicht, sich andauernd das Gejammer des anderen anzuhören. Lamentieren Sie also nicht, sondern beziehen Sie ihn mit ein, indem Sie mit ihm sprechen wie mit einem Vertrauten – sanft, aber bestimmt.

Die Goldene Regel: Das Leben zu zweit ist kein Ausflug mit dem Rollator. Ihr Partner ist nicht Ihre Gehhilfe! Er ist selbstverständlich für Sie da, aber verlangen Sie nicht gleich zu viel von ihm. Schließlich haben Sie ihn ja auch als eigenständige, lebenstüchtige Frau verführt.

DAS BAMBI-KLISCHEE

Nein, ein Mädchen muss nicht unbedingt an den Beschützerinstinkt appellieren, um verführerisch zu sein. Jedenfalls nicht dauernd. Natürlich eilt er Ihnen zu Hilfe, wenn ganz klassisch ein starker Mann gefragt ist, trägt Ihre Koffer oder füllt Ihren Tank, nachdem Sie liegengeblieben sind, aber ansonsten – in zwischenmenschlichen Belangen – weiß er Sie am liebsten stabil auf Ihren eigenen zwei Beinen.

Jetzt jammert er Ihnen die Ohren voll …

Er hat Probleme? Wie jeder andere auch! Glauben Sie bloß nicht, es wäre Ihre Aufgabe, ihn dauernd zu beruhigen, ihn aufzuheitern, wenn er traurig ist, sein Schweigen auszufüllen, ihn zu bemitleiden und die Krankenschwester zu spielen. Darum hat er Sie auch gar nicht gebeten. Ja, natürlich sind Sie da, wenn er Sie braucht, aber er braucht Sie vor allem, um mit Ihnen zusammen in einer Freudenblase abzutauchen, einem Universum, in dem seine Sorgen nicht das Monopol auf seine Stimmung haben. Lassen Sie ihn also jammern, hören Sie (ein wenig) zu, aber versetzen Sie sich nicht allzu sehr in seine Lage. Wenn Sie sich die ganze Zeit in ihn einfühlen, wird die Atmosphäre bald bleischwer; Sie reiben nur Salz in seine Wunden und benehmen sich, als wären Sie seine Mutter – der reinste Liebeskiller. Lassen Sie das! Wenn er Sie schon als Krankenschwester vor sich sieht, dann doch bitte nicht mit dem Gedanken an Desinfektionsmittel, sondern an das, was sich unter Ihrem weißen Kittel verbirgt …

Statt sich sein Gejammer anzuhören, beginnen Sie lieber selbst in einem ruhigen Moment ein Gespräch, in dem Sie in aller Ruhe mit ihm über seine Sorgen reden (denn natürlich muss man die teilen, seine genauso wie Ihre).

Die Goldene Regel: Man fragt sich nicht andauernd, was der andere denkt oder wie er sich fühlen könnte. Oft sind seine Probleme gar nicht so groß, wie er sie darstellt, erklären Sie ihm das. Und wenn er Ihnen die Ohren volljammert, sagen Sie es ihm!

DAS KLISCHEE: DIE NECKISCHE KRANKENSCHWESTER

Sich in den anderen hineinzuversetzen, ist gar nicht so altruistisch, wie es aussieht. Oft sucht man vielmehr nach einer Ursache, warum der Mann auf einmal langweiliger geworden ist, weniger präsent und weniger witzig. Es muss nicht unbedingt einen Grund für dieses Formtief geben, vielleicht ist es nur etwas Vorübergehendes. Wenn nicht, sehen Sie den Tatsachen ins Auge: Ist er schon ein alter Brummbär? Ruft er Sie nie zurück? Geben Sie ihm den Laufpass.

Für ein paar Tage nach Biarritz?

Oh ja! Zwei, drei Tage in trauter Zweisamkeit, drei ganze Nächte (in Paris sind die Wochenenden lang), am Strand spazieren gehen wie in *Ein Mann und eine Frau,* unter der hinreißenden Deckentäfelung im Hôtel du Palais Liebe machen, mit Blick auf die baskischen Wellen Austern schlürfen und dann eng umschlungen zurück ins Hotel schlendern, etwas angeheitert und mit tropfender Nase von der Seeluft, aber bei so viel Liebe ist das egal.

Davon träumt auch er! Allerdings ... nun ja. So ein Pärchenwochenende kann auch ein Reinfall werden. Es mag zauberhaft sein, einander in einem Restaurant mit nicht mehr ganz faltenfreier Klientel in die Augen zu sehen, vor sich auf der Blümchentischdecke ein baskisches Kalbsragout, aber es kann auch passieren, dass sich jede Magie augenblicklich verflüchtigt.

Die Goldene Regel: Überlegen Sie sich einen Plan B, wenn Sie zum ersten Mal zu zweit verreisen. Fahren Sie irgendwohin, wo Sie vor Ort jemanden kennen. Es gibt nichts Besseres, als nach einer Siesta in trauter Zweisamkeit glückselig ins Marktcafé zu gehen und dort Freude zu treffen. Das gibt einen Vorgeschmack auf die Ferien und erdet Ihre himmelhoch jauchzenden Träume.

DAS KLISCHEE: SAINT-TROPEZ IN DER NEBENSAISON

Ah, Saint-Tropez im Februar! Wie zu Brigitte Bardots Zeiten, sonnige Gässchen ohne Gaffer, die Schreie der Möwen und das blaue Meer noch frei von Jachten ... paradiesisch! Aber gerade wenn man noch nicht ganz aufeinander eingegroovt ist, fühlt man sich in einem menschenleeren Saint-Tropez leicht wie auf einem Jahrmarkt, nachdem der Rest der Menschheit von einem Virus dahingerafft wurde. Selbst die bombastische Brigitte, die nach den Dreharbeiten von *Und immer lockt das Weib* zusammen mit dem betörenden Trintignant in eine kleine Schäferei geflüchtet war, hat sich dort so abgrundtief gelangweilt, dass sie die Liaison kurzerhand beendete. Eine neue Liebe braucht Animation, braucht Leben! Also Vorsicht mit Ferien außerhalb der Saison; man kommt sich schnell wie ein Rentnerpaar vor. Kein gutes Omen für prickelnde Stunden im Bett ...

Er geht nach London, war es das jetzt?

Nichts zu machen, im Pariser Finanzgeschäft herrscht tote Hose. Aber drüben jenseits des Ärmelkanals brummen die Banken, und ihr Freund hat eine Stelle in London angenommen. Jetzt warten auf ihn Sportwagen, sündhaft teure Restaurants und herrlich kitschige Taxis. Auch Sie mögen Notting Hill, Feiern ab fünf Uhr nachmittags, Mädchen im Minirock bei fünf Grad Celsius, die kleinen Parks und vor allem den englischen Akzent! Na klar. Aber nur für ein Wochenende. Paris, das ist Ihr Freundeskreis und Ihre Arbeit, das ist die bloße Freude am Flanieren, an duftenden Blumenläden und dem Feinschmeckerladen an der Ecke. Paris, das bedeutet Essen gehen ohne Reservierung. Improvisieren. Das Journal du Dimanche. Und um gleich bei den Klischees zu bleiben, eines ist Ihnen vollkommen klar: Liebe auf Distanz kann nicht funktionieren.

Irrtum! Natürlich besteht Liebe auch aus einem gemeinsamen Alltag, der durch den jeweils anderen bereichert wird. Aber wenn es nur für ein paar Monate ist (länger nicht, danach sollten Sie doch ins Land von Victoria Beckham auswandern), machen Sie aus dieser Zitrone kurzerhand Limonade: Werden Sie wieder die mysteriöse Unbekannte aus dem Orient-Express ... nur eben im Eurostar. Sexophonieren Sie, bis die Leitungen glühen, und treffen Sie sich zu heißen Wochenenden im albionischen Regen. Spielen Sie *Der Liebhaber,* Version »After eight«: ein Herrenhaus, kühles Gänsehautwetter, der Ledergeruch eines Bentley und eine Reitgerte!

Die Goldene Regel:

Man stellt keine Regeln auf im Stil von: »Wir telefonieren jeden Abend um acht!« Im Ausland ist jeder in seiner Welt, hat seine eigenen Zeitabläufe, und es ist garantiert der falsche Moment. Jeder ruft an, wann es gerade passt, und Sie besuchen ihn, wann Sie Lust dazu haben. Es sind schließlich nur zwei Stunden mit dem Zug!

Er ist wirklich wunderbar! Ich habe solche Angst, dass bald alles aus ist ...

Oh, là, là! Sie sind ja wirklich ganz hingerissen! Sie lieben seine Art, Sie einfach so zwischendurch anzurufen, sich auf Sie zu stürzen oder Sie sanft zu verführen, das Lachen mit den Tischnachbarn abends im Restaurant, die Nachmittage, an denen Sie Hand in Hand spazieren gehen und das Herumalbern unterm Eiffelturm, der nur für Sie beide zu leuchten scheint. Würde er gehen, wäre alles menschenleer, trist und grau, und Paris kann sehr grau sein.

Aber davon ist ja nicht die Rede! Also keine Panik. Ihnen ist bloß schwindelig vor Glück, wie man so schön sagt. Stellen Sie sich vor, Sie würden an einem Abgrund stehen: Treten Sie einfach einen Schritt zurück und halten Sie sich an Ihrem Leben fest! Sie arbeiten, Sie gehen aus, Sie haben jede Menge Freunde und tausend Interessen. Bleiben Sie bei sich, dann können Sie vorübergehend aufhören, nur an ihn zu denken. Sie finden Ihr Gleichgewicht wieder und mit ihm die Freude darüber, dass es ihn gibt. Und auch wenn Sie in der Hauptstadt leben, besinnen Sie sich auf den gesunden Menschenverstand Ihrer bäuerlichen Vorfahren: Wenn der Baum voller saftiger Äpfel hängt, erntet man sie und beißt herzhaft hinein!

Die Goldene Regel: Lassen Sie Ihren Liebsten Ihre Angst, dass er Sie verlassen könnte, nicht spüren. Und machen Sie diese Furcht zur Privatsache, die nur Sie kennen und die Sie zähmen. Sprechen Sie mit Ihrer Angst, sagen Sie ihr, sie soll Sie in Frieden lassen, aber seien Sie ihr insgeheim auch dankbar, dass sie da ist: Ist diese kleine Beunruhigung, alles könnte morgen schon vorbei sein, nicht auch eins der Geheimnisse der Liebe?

DAS KLISCHEE: JULIO IGLESIAS

Weiß Gott, wir lieben diesen Spanier, der in all den Jahren gleich hinreißend aussah, und seinen Sohn, der die *Te quieros* flüstert, dass man nur so dahinschmilzt ... Aber in der Realität würde einem angesichts solcher Liebesschwüre angst und bange. »Bis zum Ende aller Zeiten« – das weckt in fast jedem spontane Fluchtgedanken. Finger weg also von derartigen Beschwörungsformeln, die letztlich nur der eigenen Beruhigung dienen! Sätze wie: »Ich habe noch nie so geliebt« haben eine solche Schwere, dass sie die Liebe zu erdrücken drohen.

Heiße Worte?

Ja, es stimmt, Männer mögen es, wenn man die richtigen Worte kennt, um sie in Fahrt zu bringen. Und er flüstert Ihnen sowieso andauernd süße Nichtigkeiten ins Ohr, die Sie schier um den Verstand bringen. Reizen würde es Sie ja auch, aber wie stellt man es an? Sie fürchten, schwülstig zu klingen, »Oh, gib mir aus deinem Füllhorn voll dieser guten Leckerbisslein«, irgendwie billig – »Ich spür dich ganz tief in mir« – oder schlimmer noch, wie eine Karaokeversion von Michel Sardou: »Lieb' mich, bis meine Nippel stehen und die Heiligen auf die Barrikaden gehen«. Fangen Sie ganz sanft an, wie beim ersten Kuss. Sie haben sich ja auch nicht gleich beim ersten Kinobesuch wild übereinander hergemacht, sondern erst einmal nur leicht an der Schulter gestreift. Genauso ist es mit den Worten, *chi va piano va sano!*

Die Goldene Regel: Nur nichts erzwingen wollen! Sonst greift man schnell mal daneben, und jede Erotik geht flöten. Kein: »Oh ja, dein *** ist hart wie Holz.« Wie so oft im Leben kommt es auf die Dosis an. Tasten Sie sich langsam heran, mit einem simplen, immer passenden: »Ja, so ist es gut«, das Sie mal ernst, mal spielerisch einsetzen können, und anderen genießerischen Äußerungen, die Sie ihm mit heißem Atem ins Ohr flüstern. »Non, maintenant, viens!« – »Und jetzt komm!«, haucht Birkin Serge Gainsbourg zu. Ganz ähnlich können Sie auch beginnen. Der Rest kommt ganz von selbst, je mehr Sie in Fahrt kommen ...

So macht's die Pariserin:
MADAME CLAUDE

Sicher, Sie bewundern ihn, seine Hände, seine Haut, alles an ihm, und trotzdem ... der Flug nach ganz oben, zum Höchsten der Gefühle, will einfach nicht gelingen. Sprich, Sie kommen nicht. Dann ist es an der Zeit, in ein Hotel zu gehen! Schenken Sie ihm einen Rollenspiel-Abend: Sie sind eins der Mädchen von Madame Claude, der bekannten Königin der Pariser Escort-Girls, das kürzlich untergetaucht ist, er ist der große Staatschef oder auch der polnische Klempner, ganz nach Belieben. Ja, im Leben möchte man respektiert werden, möchte Sätze hören wie: »Darf ich dir Champagner nachschenken, Liebste? Ist dir auch nicht kalt? Was würde dir jetzt Freude bereiten?«, aber im Bett ist das Gegenteil der Fall: Hier möchte man zügellos sein, schlüpft imaginär in die Rolle der mysteriösen Unbekannten ... und fliegt mit ihr in den siebten Himmel!

Dinge, die als sexy gelten, es aber nicht sind

Sich mit einem ganzen Fläschchen Shalimar übergießen, oder mit irgendeinem anderen schweren Parfum … wirkt wahlweise wie eine alte Glucke oder ein junges Hühnchen

Roter Mund, geschminkte Augen: Bitte nicht beides! Entscheiden Sie sich für eins

Der Ganzkörper-Leoparden-Look: heikle Angelegenheit (und eigentlich auch jeder andere Ganzkörper-Look)

Schwindelerregende High Heels: wenn man klein ist, stimmen die Proportionen nicht, wenn man groß ist, sind sie oft zu hoch, und zum Minirock sowieso ein No-Go!

Zum Kaffee nur ein paar winzige süße Häppchen bestellen: Wenn Sie Genießerin sind, dann los, nehmen Sie das Schokoladen-Fondant!

Ein Nackt-Selfie: Superschwierig zu bewerkstelligen, wenn man nicht Kim Kardashian ist und das Foto mit passendem Hintergrund (und Hintern) tausendmal wiederholt

Öl mit Glittereffekt. Wollen Sie aussehen wie eine Discokugel?

Sex auf Spanisch: Machen wir uns nichts vor, mit Größe 75 B sieht das einfach nur lachhaft aus …

Und solche, die man für unsexy hält, obwohl das Gegenteil der Fall ist!

Sich Mayonnaise/Bratensauce/Schlagsahne von den Fingern lecken. Schlemmen ist keine Sünde!

Ein richtiges Holzfällergericht bestellen (Kalbsbries, eine gegrillte Andouillette), oder auch ein riesiges Dessert. Eine Frau, die zu ihrem Appetit steht, macht Lust auf mehr!

Beim Herumalbern etwas eingeschüchtert sein oder, im Gegenteil, ein wenig zu laut lachen. Was könnte ihm mehr schmeicheln als zu sehen, dass er Sie beeindruckt?

Noch das Höschen vom Sonntag tragen. Na und? Sie hatten nicht mit Sex gerechnet, aber er hat Sie so heißgemacht …

Sich trauen, splitternackt durch die Wohnung zu laufen, selbst wenn man nicht Gisèle Bündchen ist. Weil eine nackte Frau einfach ein schöner Anblick ist. (Das glauben Sie nicht? Gehen Sie mal in den Jardin des Tuileries und sehen Sie sich die Statuen an: Selbst so ein Maillol – kleine Brüste, dicker Po – sieht toll aus!)

Bin ich vielleicht doch nicht so gut im Bett?

Ganz am Anfang ist der Sex entweder fantastisch oder «stark ausbaufähig«. Aber nach ein paar Monaten weiß man, wie der Hase läuft und kennt die Qualitäten des anderen im Bett. Und genau dann stellt sich eine kleine Verunsicherung ein ... Sie drehen ein wenig durch? Völlig normal. Die erste Verliebtheit weicht einer beginnenden Gewohnheit, und Sie fürchten, das berühmte Reverse Cowgirl (Sie oben, aber mit dem Rücken zu ihm) macht ihn schon gar nicht mehr heiß.

Keine Panik! Zuerst einmal: Eine Granate, eine echte Granate ist jemand, der es gern tut. Punkt. Jemand, dem es egal ist, ob dabei die Vase im Wohnzimmer zu Bruch geht, ob sich der Waschmaschinenrand in die Schenkel drückt oder ob die Nachbarn wach werden (es sei denn, nebenan wohnt Ihre Mutter). Und seien Sie ganz unbesorgt: Es hängt ja nicht nur von einem allein ab, sondern von Ihnen beiden. Von Ihrer Haut, Ihren Körpern, Ihren Fingern, Ihrem Esprit und davon, dass sich der andere in Ihrer Gegenwart wohl fühlt. Aber vor allem brauchen Sie weder die Barbarella zu geben, die für jede noch so verrückte Erfahrung zu haben ist, noch die naive, errötende Cécile de Volanges aus *Gefährliche Liebschaften*. Machen Sie einfach das, was Sie am besten können. Wiederholung hat dem Sex noch nie geschadet ...

Die Goldene Regel: Benutzen Sie ihn. Tun Sie sich nach Lust und Laune an ihm gütlich. Genießen Sie, mehr brauchen Sie gar nicht zu tun. Und je mehr Spaß Sie haben, desto mehr Spaß hat auch er. Vor allem, wenn Sie es ihm sagen!

So macht's die Pariserin:
PARIS, STADT DER LICHTER!

Damit man sich auch wirklich fallenlässt, nimmt man sich ein Beispiel an der Stadt der Lichter, wo selbst die uninteressanteste Gasse stets beleuchtet ist: Man lässt einfach das Licht an. Und schon kann man gar nicht mehr anders, als sich fallenzulassen, um zu vergessen, dass man splitternackt ist ... So vermittelt man dem anderen (und sich selbst!), dass man sich wohl fühlt in seiner Haut und nichts mehr zählt außer diesem Augenblick in seinen Armen.

Was ist nur los?
Der Abend war eher mau ...

Ja, auch Langeweile gehört manchmal dazu. Normalerweise zündet jeder Witz, man turtelt und lacht und weiß nicht einmal mehr, worüber man eigentlich redet, weil die kleinste Kleinigkeit genügt, um sich zu amüsieren, einander entzückt anzusehen und zu küssen. Aber neulich ... außer einer Debatte über Atomenergie und einer Analyse seiner Glutenverträglichkeit nur endloses Schweigen, das des letzten Godard würdig gewesen wäre, dem berühmten *Adieu au langage* ... Und beim Sex, brav nach dem Spielfilm und vor dem Schlafen im Bett, hörten Sie Aznavour förmlich singen: »Que c'est triste Venise, quand on ne s'aime plus« – Wie ist Venedig doch traurig, wenn man sich nicht mehr liebt ... Ist das jetzt schon der Anfang vom Ende?

Wo denken Sie hin! Es ist der Beginn von etwas Neuem; Sie brauchen nicht mehr dick aufzutragen, sondern zeigen sich so, wie Sie wirklich sind. Man hat eben manchmal einen schlechten Tag, so ist das Leben! Wenn er der Richtige für Sie ist, schenkt er dem gar keine weitere Beachtung. Beurteilen Sie einander nicht nach solchen Phasen.

Die Goldene Regel: Man stochert nicht in der Wunde. Sätze wie: »Du sagst ja gar nichts ...?«, »Woran denkst du?« und dergleichen sind tabu, stattdessen hält man es mit dem großen Jacques Brel: »Oublier ces heures, qui tuaient parfois, à coups de pourquoi, le coeur du bonheur.« – Vergiss die verlorene Zeit, lass die Fragen ruhen nach dem Warum, die das Glück zerstören. Lassen Sie Ihre Liebe in Frieden. Ziehen Sie sich im wörtlichen wie im sprichwörtlichen Sinne ins stille Eckchen zurück, lesen Sie ein Buch, oder lassen Sie sich ein heißes Bad ein. Spielen Sie Katze: Seien Sie da, aber nicht ganz, unabhängig und doch anschmiegsam. Sich lieben bedeutet nicht (nur), sich andauernd aufeinanderzustürzen, sondern manchmal auch, miteinander gern nichts zu tun.

So macht's die Pariserin:
ZEITUNGLESEN IM CAFÉ

Man setzt sich zusammen in ein Café, am besten nach draußen, bestellt einen Espresso und einen Milchkaffee, und dann holt jeder seine Zeitung heraus, man beobachtet die Passanten und genießt die Stille: Wenn Sie gut zusammen schweigen können, einfach nur nebeneinandersitzen wie zwei Kinder mit ihrem jeweiligen Lieblingsspielzeug, dann sieht es gut aus für Ihre Liebe, so seltsam das klingen mag.

Er will mit mir zum Skifahren nach Courchevel … und ich kann nur den Schneepflug! Soll ich, oder soll ich nicht?

Sie haben das ideale Outfit: eine Kombination von Fusalp, geliehen von einer befreundeten Spitzen-Snowboarderin, die aktuellste Vuarnet-Sonnenbrille auf der Nase und sogar Skihandschuhe mit Innenfutter aus Seide. Wunderbar. Der Haken? Ihre letzten Erinnerungen ans Skifahren stammen aus der Grundschule... Wie schaffen Sie es da bloß, ihn nicht vor all seinen plötzlich zu Savoyarden gewordenen Freunden zu beschämen? Indem Sie sich kein bisschen genieren! Nein, Sie können nicht Skifahren (dafür glänzen Sie auf anderen Gebieten), aber Sie werden es versuchen … Nach zwei Tagen Privatunterricht bei einem umwerfend gutaussehenden Skilehrer begleiten Sie Ihren Liebsten auf die Piste und geben ihm dort Gelegenheit, Sie zu beeindrucken. »Wow, diese Schwünge!«, rufen Sie, während er neben Ihnen den Hang hinunterwedelt. Schon bald lassen Sie die Skistöcke fallen, setzen sich auf eine Skihütte und genießen in der Sonne ein herrliches Glas Glühwein! Jetzt haben Sie einen Schwips? Gute Ausrede, um mit dem Lift nach unten zu fahren.

Die Goldene Regel: Man lügt nicht! Man dichtet seinem Lebenslauf ebenso wenig ein Goldenes Skiabzeichen wie einen Philosophie-Master an der Sorbonne hinzu. Bei all Ihren Qualitäten haben Sie das doch gar nicht nötig!

Das Beauty-Case für Courchevel oder Megère …

Homéoplasmine (ja, immer noch dieselbe Tube).

Lait Crème Concentré von Embryolisse (als Creme, Maske für die Nacht und sogar zum Abschminken).

Die superreichhaltige Körpermilch von Topicrem, ein absolutes Muss!

Belassen Sie es bei einem Skikurs und kehren dann ins Gipfelrestaurant ein, genügt die UV Plus von Clarins, keine Sonnencreme, sondern eine Tagescreme für die Stadt (trotzdem mit LSF 50) und daher unauffällig.

Wer ernsthaft Ski fahren will, nimmt noch eine richtige Sonnencreme mit (die Tube Esthederm vom letzten Sommer).

Hand- und Nagelcreme Rêve de Miel von Nuxe.

Das nächste Abendessen mit Freunden auf der Place des Abbesses. Wann sind wir endlich mal wieder zu zweit?

Seien Sie froh! Die meisten Pärchen tappen schnell in die Facebook-Falle: Man sitzt zu zweit im Wohnzimmer auf dem Sofa und verfolgt jeder für sich das Leben der anderen ... Ihr Freund hat sich genau wie Sie die Freude an den Pariser Abenden bewahrt? Halleluja! Aber wenn Sie fürchten, bald mehr für die anderen als für Sie selbst ein Paar zu sein, sich vorkommen, als lebten Sie auf einem Rummelplatz, und keinen freien Abend mehr finden, um es sich zu zweit mit einem guten Film und Joghurt gemütlich zu machen, dann tun Sie etwas dagegen. Denn die Liebe gleicht einer großen Oper: So richtig schön wird es erst durch die Duette!

Die Lösung: Organisieren Sie schnell ein Wochenende zu zweit, egal wo (Edinburgh? Mallorca?), oder noch besser: Lassen Sie den Cliquen-Abend einfach sausen, und fahren Sie stattdessen zur Porte D'Auteil hinaus direkt bis ans Meer! Wenn solche Momente zu zweit süße Alltagsfluchten sind und keine Pflichtveranstaltung, wird er bald süchtig danach sein!

Die Goldene Regel:

Leihen wir uns doch das exzellente Motto von Königin Victoria jenseits des Ärmelkanals: »Nie beschweren, nie erklären«. Man ergeht sich nicht in einem langen Vortrag, warum man nicht zufrieden ist, sondern nimmt die Sache in die Hand. Sehr viel wirkungsvoller!

Tipps für den spontanen Wochenendtrip vom Boulevard Péripherique aus ...

Ausfahrt Porte d'Auteil

Themenwochenende *Ein Mann und eine Frau*

Auf nach Cabourg in der Normandie ins einzigartige **Grand Hôtel**, in dem schon Marcel Proust logierte. Schlürfen Sie Austern zum Frühstück, gehen Sie am Strand spazieren und verspielen Sie Ihr Geld im Casino.

Einmal Luxus-Faulenzen, bitte? Fahren Sie nur bis Versailles und spielen Sie im **Trianon Palace** Sofia Coppola und Marie-Antoinette!

Ausfahrt Porte d'Italie

Das impressionistische Wochenende

Richtung Barbizon, ein Maler-Ort (schon Corot und Monet waren dort) am Rande von Fontainebleau. Übernachten Sie im **Pléiades** unweit des exquisiten Restaurants, 21, Grande-Rue.

Und wenn Ihnen der Sinn nach Freiluftküssen steht ... Richtung Le Perche ins **mittelalterliche Städtchen Mortagne-au-Perche**, ein wunderschöner Marktflecken, den auch Sonia Rykiel und Chantal Thomass schätzen.

Ausfahrt Porte de Bercy

Das Aschenbrödel-Wochenende!

Übernachten Sie im »**Disneyland Hotel**«, dem größten Hotel des Vergnügungsparks. Nicht ganz billig und auch nicht edel, aber hübsch kitschig und immerhin ein Fünf-Sterne-Haus. Bleiben Sie nicht länger als eine Nacht, aber lassen Sie sich im Disneyland-Park für einen Augenblick in Ihre Kindheit zurückversetzen. Übrigens hat Nicolas Sarkozy hier seine Liaison mit Carla Bruni öffentlich gemacht!

Ausfahrt Porte de la Chapelle

Ein ruhiges Luxuswochenende für Genießer

Richtung Chantilly ins **Tiara Château Hôtel Mont-Royal** (Route de Plailly, 60520 La Chapelle-en-Serval). Ein Fünf-Sterne-Schlosshotel hoch oben im Fôret d'Halatte. Das Chateau mit seiner neoklassizistischen Architektur ist beeindruckend. In den Zimmern und Suiten sorgen alte Kattun-Stoffe, Samt-Kanapees und Möbel im Stil von Louis XV und Louis XVI für majestätisches Flair. Und um das Konzept Mein König/Deine Königin noch zu verlängern, können Sie einen Ausflug ins berühmte Schloss von Chantilly oder zu den Grandes Écuries des Prinzen von Condé unternehmen.

Ich wünsche mir
ein Kind von ihm ...

Mit ihm fühlen Sie sich ein wenig in die Kindheit zurückversetzt, Sie staunen, lachen und spielen, essen Schaumzuckererdbeeren, amüsieren sich auf dem Jahrmarkt und radeln mit dem Vélib durch die Straßen wie Yves Montand mit Paulette. Und dann kommt ein Paar mit einem Baby vorbei, und auf einmal packt Sie die Sehnsucht nach einer Mischung aus ihm und Ihnen – einem Kind.

Na schön. Wenn Sie ihn erst seit drei Monaten kennen, erlauben Sie sich eine Verrücktheit, die Sie schnell zur Vernunft bringen sollte: Schauen Sie mal beim Kindergeburtstag des Sohns von einem Freund vorbei, wo fünfzehn vierjährige Stöpsel im Spiderman-Kostüm wie wild auf eine Pappmaché-Piñata voll grellbunter Süßigkeiten eindreschen. Ruhiger geworden?

Sagt Ihr Gefühl Ihnen stattdessen: Ja, das ist es!, sind Sie wirklich überzeugt davon und glauben, dass er der Richtige ist und der Zeitpunkt günstig ... Sagen Sie nichts! Und geben Sie ihm einfach mal ein Kind auf den Arm. (Sie werden bestimmt irgendwo einen Nachmittag als Babysitterin gebraucht.) Wirkt er gerührt und macht auch kein betretenes Gesicht, wenn Sie lachend mit dem Kleinen brabbeln, dann gehen Sie aufs Ganze: »Und wenn wir uns auch ein Baby anschaffen? Ich würde dich zu gern in klein sehen ...«

Die Goldene Regel:

Man bekommt kein Kind, weil es die Gesellschaft vorschreibt. Und auch nicht, weil Freundinnen sagen: »Das musst du unbedingt erleben, das ist das schönste Abenteuer der Welt!«, ebenso wenig wie des Alters wegen – »Bald werde ich sechzig« – oder aus irgendwelchen anderen Gründen – »Mama fände es wunderbar«, »Wir sind jetzt seit zwei Jahren zusammen«, »Dann hätten wir alles abgehakt« oder »Wir langweilen uns doch sonst«. Es gibt nur einen einzigen triftigen Grund: aus Liebe!

Muss ich ihm alles erzählen? Nach ein paar Gläsern Rum hab ich mit einem anderen geknutscht ...

Sie waren allein mit Freunden unterwegs, als sich plötzlich Ihre Blicke trafen. Dann haben Sie an der Bar seine Schulter gestreift. Und als er ihre Hüften umfasste, sind Sie schwach geworden: Plötzlich fand sich Ihre Zunge in seinem Mund wieder. Seine Hände zerzausten Ihr Haar, Sie waren Alain Delon und Romy Schneider in *Der Swimmingpool*. Kurz darauf sind Sie natürlich zur Vernunft gekommen und schnell gegangen, geradezu weggerannt aus dieser Disco auf den Champs-Élysées, während er Ihren Namen in die Nacht rief. Ist das schlimm? Müssen Sie diesen Ausrutscher jetzt der Aufrichtigkeit wegen Ihrem Liebsten beichten, damit Ihre Geschichte, die so schön begonnen hat, ihre Reinheit nicht verliert?

Um Himmels willen, bloß nicht! Es war doch vollkommen unwichtig, in Paris küsst jeder jeden. Und eine kleine Knutscherei hat noch niemanden umgebracht. Vergessen Sie Ihren kleinen Fauxpas und breiten Sie den Mantel des Schweigens darüber. Sagen sie nichts! Das ist quasi passiert, bevor Sie einander kannten. Es zählt nicht. Zu Beginn einer Liebe versteht man manchmal noch nicht ganz, was vor sich geht. Man reagiert noch, als wäre man ungebunden, und folgt dem alten Pawlowschen Reflex, jedem hübschen Kerl, der des Weges kommt, einen Kuss abluchsen zu wollen.

Die Goldene Regel:

Man knutscht nur fremd, wenn der Mann ein absoluter Kracher ist, alles Weitere ist sowieso tabu. Und wenn es zu oft passiert, trennt man sich und wird wieder Single. Wie es scheint, hat Joséphine de Beauharnais Napoléon die ganze Zeit betrogen ... nun ja, das ist hässlich.

Hilfe, ich erkenne mich gar nicht mehr wieder ...

Früher oder später ist es unvermeidlich. Ohne es zu wollen und begleitet vom hysterischen Gekicher Ihrer Freundinnen werden Sie sich auf einem experimentellen Jazzkonzert wiederfinden, sonntags an der Marne spazieren gehen und vielleicht sogar einen alten Bergère-Sessel restaurieren, den Sie zusammen auf dem Trödel gefunden haben. Wenn man frisch zusammen ist, spielt man mitunter schon in jungen Jahren Rentner. Oder Sie verfallen ins andere Extrem und landen morgens um neun auf einer Rave-Party (ebenfalls an der Marne), verreisen übers Wochenende mit der Mitfahrzentrale (obwohl Ihnen ein Jet eigentlich lieber wäre ...) und kaufen sich die neuesten Doc Martens voller Grafitti-Tags.

Alles kein Grund zur Sorge. Nach und nach wird sich Ihr gemeinsames Leben schon zusammenfügen! Wenn Sie diesen Mann lieben, wird Ihnen auch das gefallen, wozu Sie beide sich gemeinsam entwickeln. »Abenteuer der Liebe« heißt dieser köstliche Cocktail, jene fantastische Mischung aus Ihren jeweiligen Vorlieben, Freunden, Wunschvorstellungen und Welten.

Die Goldene Regel: Man akzeptiert, dass man nicht unbedingt dieselben Interessen hat wie der Partner. Trotzdem verzichtet man auf nichts, sondern multipliziert kurzerhand Voltaires bekannte Weisheit und bestellt drei Gärten: den eigenen, seinen sowie das gemeinsame Stück Land.

So macht's die Pariserin:
DER LEERE KÜHLSCHRANK

Oder der fast leere. Das und ein Motorroller (wahlweise auch ein Carsharing-Abo), und Sie können sich sicher sein, auch weiterhin ein Boheme-Leben zu führen: Sie sind frei, können überall hinfahren und müssen jeden Abend aufs Neue improvisieren und ausgehen. Lust auf Äthiopisch? Testen Sie doch mal das Negus auf der Rue de Montreuil im 11. Arrondissement.

Der erste Streit.
Ist das schlimm?

Sie haben eine Pseudo-Abkürzung genommen, die Sie geradewegs in den Stau auf der Rue de Rivoli geführt hat, er verstand sich zu gut mit diesem kleinen Flittchen neulich, oder Sie haben die Zugtickets für das Wochenende in Trouville liegenlassen. Schon wird der Ton schärfer, schon möchte man Türen knallen oder Windschutzscheiben einschlagen – ach, herrlich! Aber man beherrscht sich, sonst schaukelt sich alles nur noch weiter auf, und stapft lieber drei Runden um den Block, um nicht hysterisch zu wirken.

Streiten ist eine Kunst, und zwar eine notwendige. Wenn es in einer Beziehung nie laut wird, kann das ein schlechtes Zeichen sein, weil es bedeutet, dass einer von beiden sich selbst vollkommen vergessen hat ... und dann kommt eines Tages unweigerlich der große Knall, und man zeigt dem anderen, wo der Hammer hängt. Also, Gratulation zu dieser explosiven Episode! Streit ist eine neue Phase, und genau darin besteht die Liebe. Alles ist irgendwann einmal aus einem großen Knall hervorgegangen. Das gilt besonders im Land der französischen Revolution.

Doch wie gesagt, Streiten ist auch eine Kunst: Beleidigungen sind tabu, man wird nicht persönlich und auch nicht verletzend. Das zieht die Beziehung in den Schmutz. Das Höchste der Gefühle sind die Worte, die Jean-Paul Belmondo in *Außer Atem* an Jean Seberg richtete: »Du bist wirklich zum Kotzen.«

Die Goldene Regel: Keine Drohungen! Man sagt nicht: »Noch ein Wort, und ich steige aus dem Auto«, wenn man dann doch nicht aussteigt. Und wenn möglich macht man den ersten Schritt zur Versöhnung – das ist so unglaublich chic. Lassen Sie Ihren Stolz beiseite, um den können Sie sich später kümmern. Besser, man sagt: »Mensch, waren wir vielleicht kindisch!«, und lacht, als mit Tränen in den Augen einzuschlafen.

DAS KLISCHEE:
BB IN *DIE VERACHTUNG*

Auch wenn sie noch so eine schöne Schnute zieht mit ihrem Schmollmund und dem schwarzen Stirnband, macht man nicht auf Brigitte Bardot, die in *Die Verachtung* die Beleidigte spielt. Fünf Minuten, länger nicht. Das Leben ist zu kurz, und Sie haben Besseres zu tun.

So macht's die Pariserin:
DER OBELISK

Sehen Sie ihn sich an, und nehmen Sie sich ein Beispiel an ihm, wenn's mal wieder kracht: Auch wenn man so richtig hochgeht, kann man dabei fein und elegant bleiben ... So steht man mit Stil – auf der Place de la Concorde und über den Dingen!

Soll ich ihn mit einem Ex eifersüchtig machen?

Ich bitte Sie, doch nicht diese Schwachsinnsnummer! Sie erinnern sich zwar sicher, dass es Odette in *Eine Liebe Swanns* so gelang, den großen Verführer Charles Swann eifersüchtig zu machen und letztendlich seine Frau zu werden. Und da Ihr Freund ein wenig distanziert wirkt, hätten Sie nicht schlecht Lust, diese Karte zu spielen. Doch denken Sie bitte auch daran, wie die Geschichte weiterging: Nachdem sein Herz wieder Ruhe gefunden hatte und das Strohfeuer seiner Leidenschaft abgebrannt war, merkte Swann schnell, dass Odette eine hohle Nuss war und grausam wie die meisten Dummen, also »nicht sein Typ«. Man braucht Ihnen wohl nicht in proustscher Länge zu erklären, warum es nichts Idiotischeres gibt. Vor allem mit dem Ex.

Der Ex – das ist nicht einmal eine Madeleine, sondern der ranzige Hackfleischauflauf aus den Resten vom Vortag. Man hat ihn schon gekostet, mag schon lange nichts mehr davon. Nein, da fehlt einfach die knusprige Kruste, die Romantik; Sie brauchen keine alte Flamme, um das Feuer neu zu entfachen.

Dann lieber der Unbekannte im Bus! Oder der gutaussehende Typ, mit dem Sie zusammen über ein seltsames Gemälde in der Fondation Louis Vuitton gekichert haben. Ja sogar der nette ältere Kellner, dem Sie Ihr strahlendstes Lächeln schenken. Lassen Sie sich anflirten, und sagen Sie nichts: Ihre verführerische Ausstrahlung wird Sie so attraktiv machen, dass es ihn genau da trifft, wo es weh tut.

Die Goldene Regel:

Man darf sich des anderen nie zu sicher sein, und das gilt für beide Seiten. Wenn Sie Ihre Flirt-Antennen also auch weiterhin auf Empfang stellen, einfach nur so zum Spaß, braucht er keineswegs eifersüchtig zu sein – und auch nicht traurig oder verärgert, das wäre schade –, im Gegenteil, es sollte ihn faszinieren, das ist viel besser!

Alles schmeckt nach Abschied

Es war gar nichts weiter. Es hat sich einfach so angeschlichen, eine gewisse Niedergeschlagenheit, eine Traurigkeit, und in Ihrem Kopf singt Bibie in Dauerschleife: »Fermé pour cause de sentiments différents ...« – Wegen verschiedenster Gefühle geschlossen, wegen Inventar ganz einfach geschlossen, Inventar in meinem Kopf und meinem Herzen. Sie streifen ziellos umher, überqueren den Pont Mirabeau in der Hoffnung, dass Apollinaire recht hatte, dass der Schmerz vor der Freude steht. Aber nein. Und trotzdem lieben Sie ihn. Was tun?

Erst einmal spazieren gehen und nachdenken. Sokrates glaubte nur an Ideen, die ihm beim Gehen kamen. Recht hatte er! Man stellt sich auf die Place des Victoires – eine Adresse wie ein Vorzeichen – und geht einige Runden. Dann dehnt man sie ein wenig aus, bis zum Café auf der Place des Petits-Pères und notiert, was fürs Gehen spricht und was fürs Bleiben. Sie sind zu romantisch für eine halbgare Beziehung, zu freiheitsliebend, um bereitwillig zu leiden, und zu hübsch, um sich an einen undankbaren Kerl zu verschenken.

Dann geht man auf Abstand zum geliebten Wesen. Entweder er macht Anstalten zurückzukommen, und die Entscheidung liegt bei Ihnen, oder auch nicht, dann geht man zur vorletzten Etappe zurück, dem neuen Liebesabenteuer ... mit sich selbst! Ja! Flanieren Sie über die Rue Étienne-Marcel, beschenken Sie sich selbst, schlemmen Sie in der Rue Montorgueil (oder beten Sie in Saint-Eustache), organisieren Sie einen wahren Gala-Abend nur für sich allein, geben Sie zu viel Geld aus, und seien Sie verrückt nach sich! Wenn er nicht zurückgekommen ist, sind Sie auf diese Weise bald wieder bereit für die nächste Liebe! (Wie Sie ihn am besten verlassen siehe Seite 58)

Die Goldene Regel: Man kämpft nicht erbittert um Waterloo. Manche Dinge im Leben funktionieren einfach nicht, und wenn man sich auf den Kopf stellt. Man ist nicht Napoléon, starrsinnig darauf versessen, auch die letzte Schlacht zu gewinnen. (Oder wollen Sie einsam und allein auf Sankt Helena enden?) Sie kämpfen nur darum, Herrscherin über Ihr eigenes Reich zu sein! Immer nach vorn, ruhig und zielstrebig in Richtung Glück.

DAS KLISCHEE:
SCHLUSS MACHEN, UM IHN ZURÜCKZUGEWINNEN

Ein übles Spiel, das Gutes bewirken soll – so etwas bekommt keiner Liebe gut. Es klingt nicht nur unlogisch, es funktioniert auch nicht. Wenn Sie Schluss machen, machen Sie Schluss; Sie löschen seine Nachrichten, seine Fotos und seine Telefonnummer und reden so wenig wie möglich über ihn. Punkt.

Wo weinen?

Im warmen Zuhause. Mit allem, was Ihnen guttut. Mousse au chocolat, einem Bad, Patrick Bruel und warum nicht auch Chupa Chups.

Im Kino Le Champollion. Ab mittags kann man sich dort in einem dunklen Saal verkriechen und in einem tollen Film abtauchen, der einen allen Kummer vergessen lässt ... und einen hübschen Studenten kennenlernen! 51, Rue des Écoles, 75005 Paris. www.lechampo.com

Auf der Bank in den Tuilerien gegenüber dem *Arbre des Voyelles* von Giuseppe Penone, der Skulptur eines entwurzelten Baums zum Gedenken an den Sturm von 1999. »Eine Reflektion über die Zerbrechlichkeit der Dinge«, sagte der große Bildhauer einmal. Danach gehen Sie ins Musée d'Orsay oder in den Louvre, beides ganz in der Nähe, um sich anzusehen, dass außergewöhnlich Schönes wiederum sehr lange Bestand hat.

In einem klassischem Konzert in der Salle Cortot, denn die Musik heilt gebrochene Herzen. 78, Rue Cardinet, 75017 Paris. www.sallecortot.com

Im Jardin des Plantes vor der armen Nénette, der berühmtesten Orang-Utan-Dame von Paris. Die mit ihren 45 Jahren und trotz ihres neuen Geheges auch nicht alle Tage lachen kann, weiß Gott nicht. Und man kann sich sagen, dass es Wichtigeres als die eigenen Sorgen gibt, zum Beispiel Tierrechte!

Auf dem Innenhof der École normale supérieure, Rue d'Ulm, denn unter den Nachfolgern von Bergson, Bourdieu, Derrida und Blum wird es doch wohl einen Burschen geben, der die richtigen Worte findet, um Sie wieder aufzurichten!

Bei Gibert Joseph, denn dort an der Ecke vom Boulevard Saint-Michel haben sich Verlaine und Rimbaud wieder versöhnt. Und um intelligenten Lesestoff zu finden. Und weil nirgendwo sonst so wild geflirtet wird wie hier zwischen den Regalreihen.

In den Arènes de Lutèce. Weil es die Perspektive zurechtrückt, wenn man dort, wo Gladiatoren einander vor zweitausend Jahren auf Leben und Tod bekämpften, Rentnern beim Pétanque zusieht ... Die Zeit heilt alle Wunden!

Soll ich ihm zeigen, dass ich eifersüchtig bin?

Wo haben Sie nur Ihren Wagen geparkt? Gerade waren Sie noch ganz auf die Suche konzentriert, als Sie Ihren Liebsten überraschen, wie er, statt Sie zuckersüß (oder wahlweise anstrengend) zu finden, wie wild auf dem Handy herumtippt. Ups ... Plötzlich fällt Ihnen dieses Flittchen wieder ein, das ihm neulich im Restaurant den ganzen Abend schöne Augen gemacht hat.

1. hätten Sie nicht übel Lust, ihm das Handy wegzunehmen, sämtliche Nachrichten zu lesen und es dann, wenn Sie das Auto endlich wiedergefunden haben, damit zu überrollen.
2. würden Sie ihm am liebsten sagen, wie hässlich diese Tussi war, und
3. tun Sie weder das eine noch das andere. Denn die Pariserin ist lässig, die Pariserin ist nicht berechenbar, sie überrascht! Sie setzt auf Humor und fragt: »Na, mein Herz, schreibt sie scharfe SMS?« Danach ist ihm garantiert die Lust vergangen, weil die Sache kein Geheimnis mehr ist.

Vor allem aber wertet man niemanden ab, man interessiert sich nicht einmal für diese geheimnisvolle SMS-Schreiberin. Für ihn übrigens auch nicht, denn wenn er Sie betrügt, kann er seine Sachen packen, dann verdient er Ihr Interesse nicht. Vertrauen Sie ihm, solange Sie keine handfesten Beweise haben. Vor allem aber: Werten Sie Ihre Beziehung wieder auf! Gerade jetzt müssen Sie sie stärken: Man küsst und herzt einander, flüstert sich süße Worte ins Ohr und besinnt sich darauf, dass man etwas Seltenes und Schönes miteinander teilt.

Die Goldene Regel: Zeigen Sie niemals, dass Sie an seiner Treue zweifeln. Allein Ihr Misstrauen wird ihn auf die Idee bringen, dass es möglich wäre. (Die Menschen sind manchmal verdreht.)

So macht's die Pariserin:
SIMONE SIGNORET

Was tat unsere hübsche Simone, als Yves Montand sie mit Marilyn Monroe betrog? Sie heimste in Hollywood einen Oscar ein und verblüffte jeden, indem sie sagte: »Wenn Marilyn sich in meinen Mann verliebt, beweist das, dass Sie Geschmack hat – und wie soll ein Mann dem Charme einer Marilyn Monroe widerstehen?« Hut ab vor so viel Contenance, aber wir sind nicht mehr in den Fünfzigern. Die Richtung stimmt, deshalb sagen wir: »Ja, sie ist hübsch«, um zu signalisieren, dass niemand mit Ihnen oder Ihrer wunderbaren Liebesgeschichte in Konkurrenz steht.

Seit ich einen Freund habe, fühle ich mich hässlich ...

Früher hatten Sie beim Ausgehen immer dieses Strahlen in den Augen und einen Refrain im Ohr, »j'attends l'amour« – ich warte auf die Liebe ..., Ihr Gang war beschwingt, die Männer drehten sich nach Ihnen um und ein sexy Outfit war obligatorisch, schließlich kann man nie wissen ... *Wo bist du, Traumprinz?*

Jetzt ist der Prinz da. An Ihrer Seite. Ein schnuckeliger Prinz, aber so verliebt, dass er Sie sogar im Kartoffelsack nehmen würde. Und so ziehen Sie meistens dicke Pullis über, weich und warm wie seine Arme. Noch einen Monat, und man sieht Sie nur noch im Jogginganzug?

Nein! Denn wenn Sie eine Woche lange keinen Blick außer den Ihres Freundes auf sich gezogen haben, ist das die Spitze des Eisbergs, an dem einst die Titanic zerschellte. So viel ist einer echten Pariserin wie Ihnen klar. Die Lösung? Gehen Sie ohne ihn aus, und entdecken Sie in Ihrem Kleiderschrank wieder diese hübsche Bluse, bei der Sie einige Knöpfe offen lassen, oder dieses hinreißende Paar Schuhe. Damit Sie wieder daran erinnert werden, wer Sie sind, und merken, wie jammerschade es wäre, diese Frau nicht mehr zu sein. Wenn Sie fortan ausgehen, werden Sie jedes Mal daran denken, wie umwerfend Sie sein können, und Lust bekommen, dieses Feuerwerk für ihn abzubrennen – und für sich selbst!

Die Goldene Regel:

Man ist nicht schön, um zu verführen, sondern aus einem einzigen Grund: Die Natur hat einen so geschaffen, und es wäre eine Beleidigung, ihr Werk nicht mit ein wenig Rouge und einem Leoparden-Minirock zu feiern! Und es ist tausendmal schicker, allein um der Eleganz willen elegant zu sein – wie all die älteren Damen in Paris, die wie aus dem Ei gepellt in die Boulangerie gehen –, als nur deshalb, weil man sich aufreißen lassen will. Besinnen Sie sich auf die Pariserin in Ihnen, und feiern Sie sie!

Wir haben uns getrennt ... probiere ich es noch einmal mit ihm?

Wissen Sie, woran ein Gastronom erkennt, ob er in einem guten Restaurant oder in einer miesen Kaschemme ist? Er probiert das Brot. Wenn es kross und knusprig ist, praktisch frisch aus dem Ofen kommt, ist alles in Ordnung. Ist es dagegen labbrig oder trocken, sieht er nicht einmal mehr in die Karte.

Genauso ist es mit der Liebe! Seit Monaten herrscht Funkstille, und plötzlich lädt Ihr Ex Sie zum Essen ein? Treffen Sie sich ruhig mit ihm, aber sehen Sie sich das Baguette genau an. Sieht er aus, als hätte er sich verändert? Ist er knusprig und frisch? Oder eher labbrig und faul, als hätte er sich auf Sie besonnen, weil er einsam ist? Vielleicht wirkt er auch hart und vertrocknet und hat sich bei Ihnen gemeldet, weil er traurig ist? Urteilen Sie selbst.

Wie es auch kommt, wenn es eine Fortsetzung gibt, dann fangen Sie genau wie beim Baguette an: vorn! Lesen Sie noch einmal den gesamten ersten Teil; man sagt nicht gleich am ersten Abend ja, man bombardiert ihn nicht mit glücksduseligen SMS, man geht frisch wie eine Rose im Morgentau an die Sache heran, ohne verstaubten Groll und überzogene Hoffnungen.

Die Goldene Regel:

Man geht nur zu einem Ex zurück, wenn man seit ihm ein neues Leben hatte. Andere Liebhaber. Andere Lieben. Oder auch einen neuen Job. Kurzum, man geht nicht einfach zurück auf »Los« wie bei Monopoly.

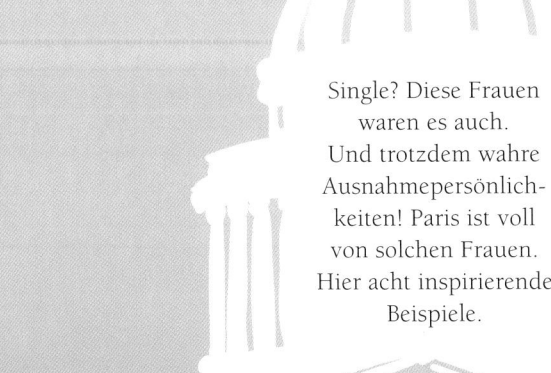

Single? Diese Frauen waren es auch. Und trotzdem wahre Ausnahmepersönlichkeiten! Paris ist voll von solchen Frauen. Hier acht inspirierende Beispiele.

Aux grandes femmes la patrie reconnaissante

Genoveva von Paris

Als alle vor Attila fliehen wollten, beschwor sie die Frauen zu bleiben. Und rettete Paris!

Jeanne d'Arc

Jungfrau und stolz darauf. Sie gab ihr Leben, um die Engländer aus Frankreich zu vertreiben.

Ninon de Lenclos

Sie war eine Kurtisane, hatte unzählige Liebhaber, die sie nur als Freunde betrachtete, und wurde für ihre geistreichen Worte sogar von Louis XIV. bewundert!

Coco Chanel

»Gabrielle Bonheur Chanel«, wie sie mit Geburtsnamen hieß, ließ sich Mademoiselle nennen. Damit ist alles gesagt. Eine Frau mit leichtem Herzen und freiem Geist!

Marie Marvingt

Mit dem Beinamen »Die mutigste Frau seit Jeanne d'Arc« oder »Die Verlobte der Gefahr«. Sie war Fliegerin, Alpinistin und die erste Frau bei der Tour de France 1914 ging sie als Mann verkleidet mit an die Front.

Simone Weil

Die große Philosophin, Autorin von *Die Schwerkraft und die Gnade* sowie Essays über soziale Missstände. Als Absolventin der École normale supérieure begab sie sich ins Arbeitermilieu, um ein besseres Verständnis für das Leid der Fabrikarbeiter zu entwickeln.

Françoise Sagan

Sie war zwei Mal verheiratet, blieb es aber nie lange. Ihr Leben, das waren ihre Freunde, das Casino, Bücher und Reisen in die Normandie – barfuß in einem alten Jaguar!

Vanessa Paradis

Seit der Trennung von Johnny Depp hat sie sich mit ihrem Singledasein bestens arrangiert und zeigt ihren nackten Po auf dem Cover der *Vogue!*

Seine Exfrau hat seinen Schlüssel ...

Oder zumindest fast. Sie sehen sich jeden Morgen, wenn er die Kinder abholt und zur Schule bringt, und allabendlich klingelt das Telefon, wenn sie Probleme bei der Arbeit hatte, mit den Kindern nicht klarkommt oder mit dem Mini auf dem Péripherique liegengeblieben ist. Natürlich ist er aufmerksam, kümmert sich und ist für sie da. Er ist eben ein guter Kerl. Und natürlich kochen Sie innerlich!

Wie geht man damit um? Indem man sie als das betrachtet, was sie ist: keine Rivalin – wenn er sie noch lieben würde, hätte er sie nicht verlassen –, sondern ein etwas unbeholfenes Familienmitglied, die Jammertante, die anderen Schuldgefühle machen will: »Niemand holt mich ab, wenn ich am Samstagnachmittag am Gare Montparnasse ankomme!« Öhhm ... nein.

Die Lösung? Lassen Sie sie doch ein ewiger Quell von Sorgen, Ängsten und Probleme sein. Sie dagegen sind die Witzige und Leichte, die Unabhängige und Verführerische. Und warum nicht auch nett zu ihr sein, wenn es sich anbietet? (Man soll ja immer das Gute im Menschen sehen ...) Sie hat ihren Schlüssel verloren? Sie kennen einen hervorragenden Schlüsseldienst. Sie sucht einen Job? Sie geben ihren Lebenslauf weiter. Sie sucht einen Mann? Es fehlt nicht viel, und Sie bezahlen ihr einen Escort-Boy, wie in *Der Auftragslover*. Solange ihre Sorgen nicht die Ihren sind, wünschen Sie ihr alles Glück der Welt (na ja, zumindest ein wenig ...)

Die Goldene Regel:

Niemals eifersüchtig, niemals dramatisch und trotzdem bestimmt. Ihr Freund ist der Vater ihrer Kinder, nicht ihr Therapeut. Also keine tägliche 45-Minuten-Sitzung am Telefon, keine gemeinsame Analyse mit Ihnen danach. Sie ist in seinem Leben präsent? In Ihrem nicht. Die Hölle, das wäre sonst wirklich sie.

Er ist Anhänger von Alain Juppé!

In Paris ist alles politisch, selbst die Liebe. Wenn Ihr Freund also einen siebzigjährigen Glatzkopf wählen will, den ehemaligen Premierminister von Jacques Chirac, haben Sie nicht direkt Lust, mit ihm in der Wahlkabine zu turteln. Seit er sich Ihnen gegenüber geoutet hat – »Ich wähle rechts« –, wird alles zum Streitthema: die 35-Stunden-Woche, Privatschulen und die Steuern, aber auch im Alltag kracht es bei jeder kleinen Entscheidung: Grand Bordeaux oder Bio-Wein, Kunstfilm oder Actionstreifen, ein Wochenende in Calvi oder auf der Île de Ré ...

Wissen Sie was? Alles vollkommen unwichtig! Es ist prima, wenn man seine Überzeugungen an denen des anderen reiben kann, und sei es nur, um sie zu schärfen.

Davon abgesehen: Wenn Sie wirklich von einer nationalen Einigung unter Ihrem Dach träumen, brauchen Sie schon zwei, drei Dinge, an die Sie beide gleichermaßen glauben. Die Linke und die Rechte – bewahren Sie von beiden das Gute: Sie sind ganz hingerissen von seiner katholischen Cousine, dieser großzügigen Ulknudel, die zu Fuß nach Lourdes gehen würde, um die Ehe für alle zu verteidigen und mit einem Korb voll selbstgesammelter Steinpilze zurückkäme; er mag ihren globalisierungskritischen Kumpel, der an Bord des Privatjets seiner Eltern gegen den Bau des neuen Flughafens in Notre-Dame-des-Landes protestiert. Sie werden schon etwas finden, woraus sich ein gutes gemeinsames Regierungsprogramm stricken lässt.

Die Goldene Regel: Man glaubt an seinen Freund, wie Carla Bruni an Nicolas Sarkozy, auch wenn sie politisch nicht von Anfang an auf seiner Seite stand; wenn er anders denkt als Sie, muss irgendetwas dran sein an seinen Überzeugungen, er ist ja schließlich kein Dummkopf (Sie lieben ihn!)

Mist! Mist! Mist!

Ihr Freund hat eine echte Macke, und Sie wollen gute Miene zum bösen Spiel machen? Hier fünf Anregungen!

Er wählt Sarkozy: Ja, und es ist ja auch schön, dass er liberal ist. Er coacht Sie, damit Sie Ihr Bestes geben!

Er wählt die Sozialisten: Hach, ist sie nicht süß, diese Seventies-Seite an ihm? Und vielleicht nimmt er Sie ja auch mal zu einer Spritztour mit seinem Motorroller mit, wie François Hollande.

Er geht jeden Sonntag zum Gottesdienst: Ja, und danach bringt er Croissants mit, und Sie leben die Botschaft der Liebe.

Er fährt einen Van: Schreckliche Kiste, aber man kann zu zwölft darin singen!

Ich würde ihn gern nackt auf dem Flügel empfangen, um ihn zu überraschen ...

Tolle Idee! Ja, klar! Yalla, wie Schwester Emmanuelle zu sagen pflegte, auch wenn sie sich nicht allzu oft auf einem weißlackierten Pleyel gerekelt haben dürfte. Diese Idee ist wunderbar, wenn sie Ihnen einfach so gekommen ist, als er an der Tür geklingelt hat, so als hätten Sie spontan Appetit auf eine Mousse au Chocolat gehabt, Lust darauf, im Restaurant während des Essens die Serviette beiseite zu legen und mit ihm kurz auf eine Leckerei der anderen Art zu verschwinden, ihn in letzter Minute in die Oper zu entführen, ohne Handtasche oder BH aus dem Haus zu gehen – kurz, in einem Anflug von Freiheit und leichter Verrücktheit!

Anders sieht es aus, wenn Sie große Pläne schmieden, die Choreographie aus den *Mädchen von Rochefort* nachtanzen und Ihre heiße Darbietung eine gewisse Ähnlichkeit mit einem Silvesterfeuerwerk bekommt. Anmut ist Leichtigkeit, die Schönheit, die in der Freude liegt und die schon Rimbaud besang: »Elle était fort déshabillée, et de grands arbres indiscrets, aux vitres jetaient leur feuillée, malinement, tout près, tout près.« – Sie war schon fast völlig entkleidet und der Baumriesen schamlose Schar schlug Blätter gegen die Scheiben, aus Bosheit, ganz nah, ganz nah. Keine verrückte Liebeserklärung, nichts Schweres, nein, ein zarter Klang, Musik. Also ja, überraschen Sie ihn ruhig, wenn das Leben Sie mitreißt, aber nicht, wenn es auf eine Stilübung hinausläuft.

Die Goldene Regel:

Ein Happening, kein Spektakel! Improvisieren Sie, dann kann er sich einbringen – ein vierhändiges Stück? –, und schon spielt man zu zweit. Bitte nichts, wobei ihn ein leichtes Entsetzen überkommen und er sich fragen könnte, ob er wohl die Polizei oder doch lieber die Feuerwehr rufen soll.

Kleine Verrücktheiten, um ihn zu überraschen

Übers Wochenende ein Cabrio mieten.

Ihm einen Blumenstrauß schicken.

Für ein Wochenende ein Hotel in Compiègne buchen, in irgendeinem Kaff, in dem es nichts weiter zu tun gibt, als den ganzen Tag auf dem Zimmer zu bleiben.

Leicht beschwipst nach Hause kommen und eine Flasche Champagner öffnen ... aber um sie wie ein Tour-de-France-Held zu schütteln und damit zu duschen!

Unter dem Mantel/dem Kleid nackt bei ihm vor der Tür stehen.

Ganz kurzfristig ein Zimmer in einem Luxushotel nehmen und ihn dort hinbestellen.

In seinen alten CDs stöbern, blind irgendeine herausziehen und dazu mit ihm tanzen.

Ihn auf eine Schnitzeljagd schicken, dabei die erste Nachricht auf eine Postkarte schreiben und in einem versiegelten Umschlag auf seinen Schreibtisch legen.

Ihm sagen, dass man anlässlich seines Geburtstags am Samstag mit ihm in ein Restaurant nahe dem Palais Royal geht, aber nicht dazusagen, dass man den Palais Royal in Madrid meint.

Ganz generell die eigenen Widersprüche zelebrieren! Einen fuchsiafarbenen Pullover anziehen, obwohl man eigentlich nie Pink trägt. Zum Markt gehen, obwohl man nicht kocht. Zum Bio-Essen Wodka trinken. Klassiker und die *Voici* lesen. Schöne Dinge bewundern, ohne auch nur im Geringsten materialistisch veranlagt zu sein. Sagen: Heute Abend bleibe ich zu Hause, und dann ausgehen. Gedichte auswendig kennen und fluchen wie ein Kesselflicker. An nichts und zugleich an allem zweifeln. Müßig wirken und schuften wie ein Berserker. Sich eine Saint-Laurent-Tasche leisten und sie im Bistro oder auf der Terrasse auf den Boden stellen. Diese Liste lässt sich beliebig erweitern ...

Hilfe, er ist noch schweigsamer als Jean-Marc Barr in *Im Rausch der Tiefe*

Fast würden Sie den Abend lieber mit den Delphinen verbringen, die machen einen gesprächigeren Eindruck ... Ob dieser Mann wohl lieber mit einem Karpfen am Tisch säße? Wenn Sie mit ihm reden, kommen Sie sich manchmal ein bisschen vor wie in *Louis und seine außerirdischen Kohlköpfe* – man könnte meinen, Sie kämen von einem anderen Planeten ... Und dann wieder diese herrlichen Momente, das Lachen, die Liebesschwüre, Briefe, Blumen und Geschenke. Sie sind ratlos. Er ist der große Schweiger, neben dem Sie sich wie ein verplappertes Hühnchen vorkommen.

Zwei Möglichkeiten: Entweder ist er so still, weil ihm tatsächlich nichts durch den Kopf geht und er nichts zu sagen hat ... dann raten wir Ihnen, direkt zu Seite 58 überzugehen (Wie mache ich Schluss). Oder er ist einfach nur unsicher in Gegenwart Ihrer holden Weiblichkeit, dann ist alles möglich! Es gibt nun einmal schweigsame Männer, genauso wie Fettnapf-Experten – »Ich habe diese Farbe für dich ausgesucht, weil sie schlank macht« –, so etwas kann man in den Griff bekommen. Man muss nur genau hinsehen. Für eine funktionierende Partnerschaft muss man die Sprache des anderen erlernen und herausfinden, was er oder sie als Liebesbeweis ansieht. Vielleicht bedeutet Liebe für ihn, einfach nur da zu sein und wortlos neben Ihnen auf dem Bett eine Tierdoku anzusehen? Sie müssen herausfinden, ob das für Sie in Ordnung ist, und ihm beibringen, dass es für Sie bedeutet, mit ihm Zitterrochen zu spielen und ihn am ganzen Körper zu elektrisieren ...

Die Goldene Regel:

Man tut sich keinen Zwang an. Wenn seine Schweigsamkeit Sie stört, versuchen Sie nicht, ihm irgendetwas aus der Nase zu ziehen, sondern sagen Sie es ihm in gelassenem Ton und treffen Sie sich mit Freunden. Merken Sie, dass er schon ein wenig von Ihnen lernt?

Er will auch
eine Birkin Bag!

Und ein Ticket-Abo für das Ballett im Palais-Garnier. Auch er hat ein Faible für schöne Stoffe und raffinierte Schnitte und achtet stets darauf, was Sie tragen. So sehr, dass Ihr Neuer neben den Männern, die ihre Sachen vor dem Schlafengehen als Knäuel nebens Bett werfen und am nächsten Morgen wieder anziehen, nicht gerade sehr männlich wirkt ... Sie fürchten sogar, dass er eines Abends in Ihrem hautengen Céline-Kleid vor Ihnen steht und schreit: »Nenn mich Caytlin!«

Die Sitten mögen sich noch so sehr geändert haben – auch wenn Sie jetzt Reifen wechseln, Motorrad fahren, sich einen Gigolo nehmen und selbst im Garçonne-Stil noch ganz Frau sein dürfen, ein Mann muss in unserem guten alten romanischen Land ein wenig hart und schmuddelig sein, mit Dreitagebart und trockenen Augen – kurzum, ein Idiot. Was für ein Unsinn! Also lächeln Sie, Sie sind in Paris! Nicht weit von Ihnen tanzte Louis XIV im goldenen Tutu. Mallarmé weinte heiße Tränen über seine verflossenen Lieben, und Baudelaire war so besessen von seinen Kleidern, dass er lauthals verkündete, das Dandytum sei »der letzte heroische Akt«! Lassen Sie Ihren Freund ein empfindsames, neugieriges, sanftes und zärtliches Wesen sein. Nicht auf Männlichkeit kommt es an, sondern aufs Anderssein. Ja, wir sind selbstständig und können alles allein, aber zum Küssen braucht es nun mal zwei. Also keine Sorge ... Solange er Ihnen auch eine Birkin Bag schenkt!

Die Goldene Regel:

Männlichkeit steckt nicht dort, wo man sie vermutet, weder in den Muskeln (gehen Sie mal in eine Rugby-Umkleidekabine ...) noch auf dem Bankkonto. Männlichkeit ist Mut, nicht zuletzt der Mut zum Anderssein – keine Angst zu haben, sich lächerlich zu machen. Ein echter Kerl steht zu seinen seltsamsten Vorlieben und seinen albernsten Ängsten. Auch ein Satz wie »Ich habe Angst da oben auf der Leiter« kann einen dahinschmelzen lassen.

Der erste gemeinsame Urlaub ...

... war ein Reinfall. Völlig normal! Der erste Urlaub ist wie der erste Ausflug zu Ikea. Streit ist quasi vorprogrammiert. Man kann es kaum erwarten, malt es sich aus wie in einem Chanson auf RFM – nackt an einem einsamen Strand, Süden, Sonne, das Meer und Ihre Küsse. Aber Sie wünschen sich so sehr, dass alles perfekt ist, dass jede Entscheidung – unter der Dusche oder auf dem Bett? Strand oder Pool? Muscheln oder Tapas? – zur Staatsaffäre wird. Und wie sollte es anders sein, nach drei Tagen fliegen die Fetzen, und Sie schlafen unter einem Hamamtuch auf der Terrasse, kommen sich reichlich bescheuert vor und ziehen dann doch wieder ins Bett um, weil es auch auf Formentera manchmal regnet.

Und jetzt? Verabschieden Sie sich von überzogenen Ansprüchen. Sie hatten davon geträumt, zu zweit einfach mal nichts zu tun? Gut, dann tun Sie jetzt einfach mal nichts. Ab jetzt keine Pläne mehr.

Die Goldene Regel: Die perfekten Ferien heckt man nicht wie Amélie Poulain allein im stillen Eckchen aus, dann kann sich der andere ja eigentlich nur noch beschweren, weil ihm nichts anderes mehr bleibt! Und noch etwas: Man plant eine Reise nur so lange im Voraus, wie man schon zusammen ist. Sie sind seit sechs Monaten ein Paar? Buchen Sie noch nicht fürs nächste Jahr.

So macht's die Pariserin:
DAS RITZ AM STRAND!

Damit der Urlaub garantiert ein Erfolg wird, nehmen Sie ein paar Freunde mit. Und alle mieten sich im selben Hotel ein! Genießen Sie die Freiheit: Schmusestunden auf dem Zimmer, eine spontane Spritztour, ohne jemandem Bescheid zu sagen, Herumalbern mit Freunden am Pool, Verfolgungsjagden durch die Hotelflure und große Aperos in der Bar in der Lobby. Plan B? Mieten Sie ein Haus mit Swimmingpool und Palmen, das dreimal zu groß für Sie ist. Dann müssen Sie jede Menge Leute mitnehmen, weil Sie es sonst nicht bezahlen können. Zu zwölft ist man ungebundener als zu sechst. Ideal für den ersten Urlaub als Paar!

Das Feriengepäck

Für den Strand:

· eine Goyard-Tasche oder eine hübsche Tragetasche aus recyceltem Material
· ein schönes, großes Hamamtuch
· einen Badeanzug von ERES
· eine Persol-Sonnenbrille
· einen Sonnenhut mit breiter Krempe oder einen Panamahut (Maison Michel oder, noch hübscher, Atelier Théodore)
· Sonnencreme von Esthederm, aber genießen Sie die Sonne in Maßen, und mischen Sie ab und zu ein paar Tropfen Addition concentré Eclat von Clarins in Ihre Nachtcreme, damit Ihr Teint beim Aufwachen leicht gebräunt wirkt.

Für die tägliche Schönheitspflege:

Zum Abschminken hat sich die Mizellarlösung Créaline H_2O von Bioderma bewährt. Wenn nötig, trägt man unter der Dusche Clarins-Masque Anti-soif mit SOS-Pflegekomplex auf, oder auch ein Peeling, Crushed Cabernet Caudalie.

Wenig Shampoo benutzen, stattdessen eine Spülung für leichtere Kämmbarkeit. Danach ein Finish-Öl mit Lavendel von Christophe Robin im Haar verteilen. Die Frisur überlässt man dem Fahrtwind am Steuer eines Méhari!

Für den Abend:

Mascara (siehe Seite 75, das Kosmetiktäschchen der Pariserin), ein wenig Terracotta de Guerlain, und für die Lippen Eight Hour Creme von Elizabeth Arden, Rouge Coco Lippenbalsam von Chanel oder Dr. Hauschka Lippengold.

Benutzen Sie ein wenig Parfüm ohne Alkohol von Buly 1803. Und verwöhnen Sie Ihren ganzen Körper mit l'Huile Prodigieuse de Nuxe (das ohne Glanzeffekt).

In den Koffer:

Einfach durcheinander ... eine kurze Jeans, eine weiße Bluse und eine blaue (Charvet, oder noch hübscher: die knitterfreien von Uniqlo, die Klassiker von l'Art du basic oder von Maison Standards), ein kurzes Kleid von Ba&sh oder von einem lokalen Markt (eine hervorragende Auswahl finden Sie übrigens auch bei Brand Bazar et Biba, Rue de Sèvres 18, 75007 Paris), einen langen Rock, den Sie mit einem ärmellosen Top kombinieren, um stets ein wenig Haut zu zeigen, einen hübschen Gürtel von Saint Laurent, Hermès oder Céline, oder gern auch den geflochtenen, den Sie vom letzten Spontantrip mitgebracht haben, Römersandalen von Rondini, die es nur in Saint-Tropez gibt, oder ein paar simple, hübsche Sandalen von Michel Vivien und große Armreifen von Aurélie Bidermann, die man den ganzen Urlaub über trägt.

Er findet, ich rauche zu viel …

Und er hat recht. Die Zigarette ist fester Bestandteil des Pariser Schicks, halb »European trash«, halb Requisit von Freizeitphilosophen, die ihre Debatten mit »Ja, exakt« interpunktieren, und Sie lieben den Hauch von Mondänität, den sie Ihnen am Abend unter den Heizstrahlern der Bar du Marché verleiht. Aber geben Sie es zu – am Morgen sind Sie eher Johnny Hallyday als Bernard-Henri Lévy.

Es geht nicht um gut oder böse, der springende Punkt ist vielmehr: In Zeiten der politischen Korrektheit, in denen alle Welt den ach so vernünftigen Nichtraucher heraushängen lässt, haben Sie absolut keine Lust, sich von Ihrem Freund eine Moralpredigt anzuhören. Erinnern Sie ihn daran, dass man die Pariserin, dass er *Sie* doch gerade für Ihren freien Geist liebt! Zeigen Sie ihm Fotos der großen Catherine Deneuve, die stets eine Zigarette zwischen den Lippen hatte. Und wenn er dann immer noch nicht einlenkt, wagen Sie es, ihn daran zu erinnern, dass *Sie* ja auch tolerant sind und ihm nicht sagen, er solle sich mal beim Käse zurückhalten, damit er einen Sixpack wie Jo-Wilfried Tsonga bekommt. Man ist nicht dazu da, einander ein negatives Bild zu spiegeln und die Fehler seiner besseren Hälfte zu betonen.

Die Goldene Regel: Geht es darum, auf den anderen achtzugeben oder ihm beim Ablegen einer schlechten Gewohnheit zu helfen, nimmt man die Karotte, nicht den Stock. Man redet über die Qualitäten des Partners, nicht über seine Fehler. Wenn er Ihnen helfen will, das Rauchen aufzugeben, soll er Ihnen doch einen Roadtrip durch Namibia vorschlagen, wo man schon ein bisschen verrückt sein muss, um sich irgendwo eine anzustecken. Oder, warum nicht auch, ein Kind zu machen?

DAS KLISCHEE: HERRIN!

Es heißt ja, Männer würden es insgeheim mögen, wenn man sich aufführt wie ihre Mutter, aber das stimmt nicht! Man darf sich nie etwas erlauben, was man sich nicht auch einem Freund gegenüber erlauben würde. Beispiel: »Musst du dir wirklich noch mehr Nudeln nehmen?« oder »Man tunkt das Brot nicht in die Sauce!« Wollen wir die Liebe bewahren, müssen wir den Geliebten genauso höflich behandeln wie einen Freund!

So macht's die Pariserin:
DIE GLUTENFREIE BÄCKEREI

Er hat ein paar Pfunde zu viel auf den Rippen? Statt ihn darauf hinzuweisen, erzählt man ihm lieber hellauf begeistert, Djokovic sei fitter denn je, seit er auf Gluten verzichtet. Dass man ganz nebenbei davon abnimmt, brauchen Sie ihm gar nicht zu sagen. Gehen Sie mit ihm in die Passage des Panoramas und verwöhnen Sie sich bei Noglu mit leichtem Kuchen und Gebäck …

Ups, einer seiner Kumpels ist ein Exfreund von mir!

Er wollte unbedingt, dass Sie mitkommen, und da sind Sie nun, zum Umfallen sexy und bereit für die große Charmeoffensive: Sie werden seine Freunde kennenlernen. Und dann der Schock. Kaum haben Sie einen Fuß ins Hotel Amour gesetzt, gefriert Ihnen das Blut in den Adern: »Brauchst mir deine Freundin nicht vorzustellen, die hatte ich schon selber!«, ruft irgendein Rüpel. Ups. Sie können förmlich hören, wie sich die Runde später über mehr als nur Ihr Talent für Crêpes Suzette austauscht ... Schlimmer noch, alles Unberührte an Ihnen – »Sie ist die Frau meines Lebens, die reine Prinzessin, für mich vom Turm gestiegen« – löst sich von einem Moment auf den anderen in Luft auf. Zuvor noch die seltene Perle, sind Sie in seinem Kopf jetzt eher das nette kleine Café, von dem alle Welt so schwärmt ...

Was nun? Ganz einfach: Stehen Sie zu Ihrem Leben! Ja, natürlich gab es auch schon vor ihm Männer. Na und? Denken Sie an *Die Kameliendame*, die unzählige Liebhaber hatte, bevor sie ihren schönen Armand kennenlernte. Die Liebe ist jedes Mal neu! Die Liebe ist frei! Denken Sie an Arletty, die unter viel schwierigeren Umständen auf ihre Freiheit pochte, zu lieben, wen sie wollte (selbst einen Feind): »Mein Herz schlägt französisch, aber mein Hintern ist international.« Ja, Ihr Herz schlägt für ihn (und Ihr Hintern gehört auch ihm, das ist einfacher), aber Ihre Vergangenheit gehört nur Ihnen. Und es ist doch ein gutes Zeichen, wenn Sie sich mal mit einem seiner Freunde gut verstanden haben!

Die Goldene Regel: Man braucht sich für nichts zu schämen, aber man erzählt auch nicht viel darüber. Am besten gar nichts. Vielleicht die eine oder andere Erinnerung, aber Hauptsache, elegant!

So macht's die Pariserin:
»ICH LIEBE DEINEN EIFFELTURM!«

Er leidet unter der Vorstellung, dass Sie einst in den Armen seines Freundes geschlafen haben? Geben Sie ihm zu verstehen, dass Sie sich jetzt in den seinen viel wohler fühlen. Und dass seine Eiserne Dame für Sie das allerschönste Monument von ganz Paris ist!

Den Valentinstag feiern? Wirklich?

Es gibt Traditionen, die haben durchaus ihren Reiz. Klischees, bei denen man ins Träumen gerät. Natürlich hat der aus den USA zu uns rübergeschwappte Valentinstag einen argen Beigeschmack von schmalzigen Karten und *Dates,* und man sieht sich augenblicklich in einer Art *American Pie,* wie man im blasslila Kleid auf einen Quarterback im dicken Wagen wartet. Aber was soll's! Ist doch witzig.

Stürzen wir uns ruhig kopfüber ins Abgeschmackte, wenn wir schon mal zu zweit sind. Aber auf unsere Art: etwas abgedreht und mit einer gewissen ironischen Distanz. Feiern Sie Ihren ganz eigenen 14. Februar, und drücken Sie dabei ruhig voll auf die Kitschtube: Wie wäre es mit einem Abendessen auf einem Bateau-Mouche? Oder einem Fake-Tattoo auf der rechten Pobacke, ein Herzchen mit seinem Namen darin? Je alberner, desto besser!

Die Goldene Regel:

Der Valentinstag kommt aus Übersee? Dann feiern Sie ihn auch wie Touristen! Kramen Sie die Dessous von Victoria's Secret heraus, steigen Sie gemeinsam auf den Eiffelturm, und sehen Sie einander tief in die Augen wie in *Schatten der Leidenschaft!*

Hier geht man hin am Valentinstag

Mittagessen im Georges. Man schert sich nicht um die schnippische Bedienung, nimmt auf der Terrasse Platz und genießt den atemberaubenden Blick über die Dächer von Beaubourg. Dann liegt Ihnen nicht nur Ihr Schatz, sondern auch ganz Paris zu Füßen! Das Essen ist teuer, aber gar nicht schlecht. Probieren Sie die pikante Pasta mit Hummer.
Place Georges-Pompidou, 75004 Paris
http://restaurantgeorgesparis.com

Abendessen im Café Marly, einfach um »im Louvre« zu sein, wo Sie die berühmte Glaspyramide von Ieoh Ming Pei bewundern können (und vor allem die Statuen im Flügel Richelieu auf dem Weg zur Toilette)! Eine typische Pariser Speisekarte ohne große Überraschungen: Tartar, Salat mit grünen Bohnen, Champignons und Avocado oder Königskrabbe, Makronen.
93, Rue de Rivoli, 75001 Paris
http://cafe-marly.com/fr/

Eine Kutschfahrt, entweder klassisch vom Eiffelturm aus oder auch die ganz persönliche Runde mit Abfahrt vor der eigenen Haustür.
www.pariscaleches.com/de/

Eine Fahrt mit dem Bateau-Mouche, am schönsten, wenn die Bäume noch kein Laub haben.

Ein Luxus-Kinobesuch im Royal Monceau Film Club, dem Kino des gleichnamigen Hotels, wo Sie sich mit einem Glas Champagner und Popcorn aus dem Hause Pierre Hermé auf Ledersesseln aneinanderkuscheln können! Nur am Sonntagabend.
37, Avenue Hoche, 75008 Paris
www.leroyalmonceau.com

Eine Nacht im Hôtel Particulier im Herzen von Montmartre, einem Hotel im Directoire Stil, das einst der Familie Hermès gehörte. Essen Sie am Abend im Restaurant le Très Particulier, genießen Sie anschließend einen Cocktail, und begeben Sie sich dann in eine der fünf Suiten – zauberhafte Erinnerungen sind garantiert! Am Wochenende können Sie die Magie noch bis zum Brunch am nächsten Morgen verlängern (Luxus pur: der Honig stammt von einem Imker vor Ort, und die Eier kommen direkt aus dem Hühnerstall!)
23, Avenue Junot, Pavillon D, 75018 Paris

Er will mit mir zusammenziehen … und ich mit ihm!

Sie sitzen zusammen im Café des Musée Rodin in der Sonne und essen eine Kleinigkeit, als es plötzlich aus ihm herausbricht: Er möchte Sie gern jeden Abend sehen, jeden Morgen neben Ihnen aufwachen und weiß nicht mehr, wo sein Zuhause ist, wenn er nicht in Ihren Armen liegt. Ob Sie nicht Lust hätten, mit ihm zusammenzuziehen? Und Sie? Sie haben spontan ja gesagt! Doch jetzt … jetzt bekommen Sie Angst vor der eigenen Courage. Wie bewältigt man den Alltag, die Wäsche, den Drang nach Freiheit, die Lust auf einen Abend nur mit Pascal (dem Denker, nicht Ihrem Fitnesstrainer) oder unter Leuten, aber ohne ihn …? Antworten auf all diese Fragen finden Sie im folgenden Teil. Ihre Liebe geht in die nächste Runde!

Freuen Sie sich. Und denken Sie an Anna Gavalda: Zusammen ist man weniger allein. (Außerdem sind Pariser Wohnungen klein und teuer!) Endlich können Sie einen Balkon haben, einen richtigen Esstisch, eine Spülmaschine oder einen begehbaren Kleiderschrank – simple Annehmlichkeiten, die glücklich machen, wie die gute alte Missionarsstellung. Also, packen Sie Ihren Koffer, pardon, Ihre Kartons, und brechen Sie auf zu einer Reise in ein neues Land: Willkommen zu Teil drei!

Die Goldene Regel: Wenn er nicht gerade in Ihrer absoluten Traumwohnung lebt, ziehen Sie nicht zu ihm (das Erstickungsgefühl ist sonst vorprogrammiert). Man sucht sich zusammen etwas Neues, und hinein kommt nur, was beiden gefällt.

So macht's die Pariserin:
DER TESTSPAZIERGANG

Würde er einen guten Mitbewohner abgeben? Das können Sie ganz einfach herausfinden: Gehen Sie einen ganzen Nachmittag lang mit ihm in Ihrem zukünftigen Wohnviertel spazieren, und beobachten Sie ihn: Wofür interessiert er sich? Wo bleibt er stehen? Ist er neugierig? Welche Werbeslogans wiederholt er, welches Eckcafé hat es ihm besonders angetan, und redet er mit den Leuten? Um einander kennenzulernen, taugt ein Paris-Bummel besser als alle Restaurantbesuche der Welt.

Ich will ihn heiraten!

Hm, na ja ... Nein, besser nicht. Erinnern Sie sich an Georges Brassens: »J'ai l'honneur de ne pas te demander ta main. Ne gravons pas nos noms au bas d'un parchemin.« – Ich bin so frei und halt' nicht an um deine Hand, schreiben wir unsre Namen nicht auf Pergament. Freiheit, Freiheit und nochmals Freiheit!

Doch selbst in diesem Chanson lieben sie einander am Ende immer noch, verspricht er ihr die Ewigkeit ... Und wie so oft als Frau mit vielen Facetten sagt man schließlich doch ja. Ja, seien Sie verrückt, heiraten Sie! Aber bitte auf Ihre Art. Keine Blumenkinder, keine Geschenkeliste im Printemps, die Gäste kommen ganz in Weiß, das Brautpaar fährt mit dem Fahrrad zurück, und den Heiratsantrag machen Sie – mit einem Ring, der auf einer Pommes frites steckt. Und alles nur, um »mein Mann« statt »mein Lebensgefährte« oder »der Vater meiner Kinder« sagen zu können, weil man an die Ewigkeit glauben möchte, aus Verrücktheit und Unvernunft. Es ist Wahnsinn, es ist wunderbar: Sagen Sie ja.

Die Goldene Regel: Man genehmigt sich irgendetwas Altmodisches, trägt ein hautenges Kleid oder führt eine Polonaise an. Aber man ist nicht die Ballkönigin! Es ist eine Feier für alle, und gefeiert wird die Liebe. Wir sind in Paris!

Die besten Orte für den Antrag

Exotisch:

Caffè Stern, einer der besten Italiener in ganz Paris, 47, Passage des Panoramas, 75002 Paris.

Soma, ein angesagter neuer Japaner, 13, Rue de Saintogne, 75003 Paris.

Die neuen Generationen:

Le Sergent recruteur, die Gelegenheit für einen Ausflug auf die Île Saint-Louis, und das Essen ist wirklich himmlisch. 41, Rue Saint-Louis-en-Île, 75004 Paris.

Vivant Table, Genuss im ungewöhnlichen Ambiente einer alten Ziervogelhandlung im Art-Nouveau-Stil! 43, Rue des Petites-Écuries, 75010 Paris.

Le Chateaubriand, wegen des baskischen Chefkochs Inaki Aizpitarte (der rockt!), 129 Avenue Parmentier, 75011 Paris.

Die königliche Bar:

Monsieur Bleu, wegen des Eiffelturms und einer der schönsten Terrassen von Paris, Avenue de New-York 20, 75016 Paris.

Festlich:

Brasserie Barbès, auf einen Cocktail am Kamin und später einen Tanz auf dem Dachboden. 2, Boulevard Barbès, 75018 Paris.

Le Derrière, wegen der Tischtennisplatte, der Terrasse und weil es das zweite Wohnzimmer von Jessica Alba ist. 69, Rue de Gravilliers, 75003 Paris. http://derriere-resto.com

Jahre des Glücks

Verrückt, wir haben gar nicht gemerkt, wie die Zeit vergangen ist! Das Leben zu zweit ist von der Terra incognita zum Langzeit-Abenteuer geworden. Wir haben den anderen erkundet, gezähmt, ihm einen Platz in unserem Leben eingeräumt und umgekehrt. Um uns herum »home, sweet home«, Kinder oder auch nicht, und die Freude darüber, dass wir uns gefunden haben: Unser Herz schlägt immer noch schneller, wenn wir hören, wie der Mann, den wir lieben, nach Hause kommt, oder bei der Aussicht, in unserem Lieblingsbistro essen zu gehen, ob zu zweit oder mit unserem jetzt gemischten Freundeskreis. Oder beim Gedanken an unsere zärtlichen Nächte, die trotzdem immer noch wild sind ... auch wenn wir uns schon so viel erzählt haben. Wie bewahrt man das Geheimnis in einer Beziehung, wenn man sich jeden Morgen bei einem Baguette gegenübersitzt, wie geht man mit schmutziger Wäsche und haarigen Achseln um, was tut man, wenn man dem Charme eines anderen erlegen ist ... und ganz besonders: Wie gelingt es einem, Liebende zu bleiben, für die Paris ein einziges Fest ist, während der Alltag einen heimlich, still und leise zermürbt? Aber irgendwie schaffen wir es! Unsere Beziehung ist unser ganz persönlicher Place des Victoires, der Sieg unseres – glücklichen – Lebens zu zweit, erkämpft wie durch Zauberei, aber auch durch unseren Willen, dass es funktioniert, immer wieder neu und all der Zeit zum Trotz, die auf diesem runden Platz verstreicht wie auf einer Sonnenuhr.

Das vierhundertundzwölfte Tête-à-tête ... immer noch nett?

Als Single hätten wir uns nie vorstellen können, jeden Abend mit demselben Mann zu essen, ohne es irgendwie ... eintönig zu finden. Was für ein Irrtum! Zwischen Einladungen von Freunden, Sushi im Büro um 23 Uhr und den Kindern, die einfach nicht im Bett bleiben wollen ... Man freut sich, wenn man endlich wieder Zeit für ein Tête-à-tête hat. Ein Abendessen zu zweit ist nicht dasselbe, wie jeden Tag in die Kantine zu gehen und sich das immer gleiche Steak mit Fritten reinzupfeifen. Und auch nicht, sich wie Jean-Paul Sartre und Simone de Beauvoir jeden Abend in der Brasserie La Coupole zu treffen ... immer umdrängt von irgendwelchen Freunden. Ein Essen zu zweit heißt, zu feiern, das erste Mal nachzuspielen, bis auf die Angst vor dem Schweigen, denn der landläufigen Meinung hat man sich umso mehr zu sagen, je länger man sich kennt. Und es ist schön, dass man immer noch Herzklopfen hat, wenn man die Schlüssel des Geliebten im Schloss hört oder wenn man sich rasch gemeinsam etwas Leckeres köchelt.

Und nach all der Zeit liebt man diese seltenen Momente umso mehr. Unter der Bedingung, dass man ein paar Regeln einhält: Abends bleibt der Fernseher ausgeschaltet, und in einer idealen Welt wird auch das Telefon ausgestöpselt. Und man isst zusammen. Zu Hause, oder wenn Sie keine Lust haben zu kochen, eng aneinandergeschmiegt an der Theke des kleinen Bistros in Montorgueil, das Sie beide so mögen. Selbst wenn man schon vom Teller der Kinder genascht hat, kommt es nicht in Frage, dass man sich auf der Couch lümmelt und ruft: »Iss du nur, ich habe keinen Hunger mehr!« Man macht sich Komplimente: »Das Hemd steht dir gut.« Man spricht über sich, über ihn, über andere, über das Leben, denn wenn wir uns dafür entschieden haben, unseres mit ihm zu verbringen, dann deshalb, weil seine Sicht auf die Dinge uns immer noch interessiert. Diese Momente aufmerksamen Zuhörens festigen das einzigartige Band, das den Reichtum Ihrer Liebe ausmacht. Er ist der einzige, der sowohl über die Macken Ihres Chefs als auch über die guten Eigenschaften Ihrer Kindheitsfreundin Bescheid weiß ... oder umgekehrt!

Die Goldene Regel: Selbst wenn einen sein Gerede über Kundenmeetings, seinen abgeschleppten Motorroller oder irgendwelche anderen Alltagssorgen nervt, hört man ihm zu. Und man fragt nach – allerdings nicht zu viel, wenn es wirklich langweilig ist. Wichtig ist nicht so sehr, was man sich erzählt, sondern dass man sich austauscht, liebevoll miteinander umgeht und Zeit zusammen verbringt. Und dass Sie immer noch dahinschmelzen, wenn er, ohne Sie fragen zu müssen, ein Stück Apfelkuchen bestellt – Ihren Lieblingsnachtisch. Denn Sie wissen: Diese alltägliche Gemeinschaftlichkeit ist die Grundlage für alles andere. WIRKLICH alles (einschließlich Sex).

So macht's die Pariserin:
DIE CONCIERGERIE

Sie fragen sich, ob man die Gesellschaft eines Mannes ein Leben lang genießen kann, ohne seiner je überdrüssig zu werden? Denken Sie einfach an die Conciergerie. Jeden Tag, wenn man daran vorbeigeht, gibt es einem einen kleinen Stich ins Herz beim Anblick dieses alten Herrschaftssitzes der Könige von Frankreich. Ob morgens oder bei Sonnenuntergang, ihre gotische Schönheit raubt einem zu jeder Zeit den Atem. Der wirklich schönen Dinge wird man nie überdrüssig, man entdeckt sie jeden Tag neu und lernt, sie noch mehr zu lieben.

Diese Woche sind wir nicht ein Mal ausgegangen ... und nächste Woche wird es auch nichts. Werden wir allmählich spießig?

Nein, Sie Ängstliche: Nutzen Sie die kleine Atempause! Es ist schon lange her, dass uns die FOMO (fear of missing out) gepackt hat, die Angst, einen Wahnsinnsabend zu verpassen. Selbst wenn man gern ausgeht, hat man nicht jeden Abend Lust, einen auf Party-Girl zu machen. Im Gegenteil, wenn Sie als Paar mal ein paar Tage Ruhe haben, genießen Sie sie! Sie haben ja nicht den Liebestrank von Tristan und Isolde getrunken, jenen Trank, der Sie ein Leben lang an den anderen bindet, ganz egal, was er tut, oder? Also müssen Sie Zeit miteinander verbringen, sprich ... auch mal zusammen nichts tun, und zwar auf die richtige Art. Machen Sie es wie Natalie Portman und Benjamin Millepied, die, statt Dauergäste auf angesagten Partys zu sein, lieber Freunde zu sich einladen ... Um ein glückliches Leben zu führen, sollten wir (etwas) mehr im Verborgenen leben.

Zum langweiligen Spießer zu werden, ist weniger das Problem, sondern eher das Ausgehen, wenn man eigentlich keine Lust dazu hat. Es gibt nichts Schlimmeres, als jeden Donnerstag einen Babysitter zu engagieren, obwohl man insgeheim davon träumt, es sich vor dem Fernseher mit einem Sardinentoast gemütlich zu machen und zusammen über eine Wiederholung von *Die dummen Streiche der Reichen* im Fernsehen zu lachen. Mit dem Nichtstun ist es wie mit allem anderen: Es ist besser, wenn es spontan passiert. Das heißt nicht, dass man mit den Hühnern zu Bett gehen muss, im Gegenteil. Spielen Sie eine wilde Partie Backgammon nach der anderen, lesen Sie gemeinsam den ebenso verstörenden wie erotischen Roman *Der Liebhaber* von Marguerite Duras, um sich Inspiration zu holen, nehmen Sie in aller Ruhe ein Bad – man kann das Ganze mit einem Lachanfall und einer Wasserschlacht beenden.

Die Goldene Regel:

Wirklich rebellisch ist es, das ganze Wochenende im Bett zu bleiben, anstatt während der Fashion Week eine Party nach der anderen zu besuchen. Und falls man wirklich das Gefühl hat, auf der Couch zu versauern, gibt man eben spontan einen Apero oder organisiert ein Abendessen für die Nachbarn, mit denen man eine Flasche Chablis öffnet, um den Kräutertee hinunterzuspülen!

Zehn einfache Ideen
für ein Abendessen der etwas anderen Art:

Bestellen Sie Meeresfrüchte bei **L'Huîtrier** (17. Arondissement), um sich Trouville nach Hause zu holen.

Oder eine **Käseplatte** aus der Fromagerie Quatrehomme: Genießen Sie sie mit dem edlen Roten, den zu öffnen Sie bisher nicht gewagt haben.

Oder wie wär's mit einer Sorbet-Pyraminde aus der Pâtisserie **Lenôtre**? Oder mit einer der legendären Torten wie »Incroyable« oder »Le Merveilleux« von Les Merveilleux de Fred? www.auxmerveilleux.com

Engagieren Sie doch mal einen **Privatkoch für zu Hause**.
www.labelleassiette.com

Probieren Sie das Rezept **eines berühmten Sternekochs** aus, einfach so, nur für Sie beide oder für die ganze Familie. Das wird das perfekte Dinner!

Fünf Themenabende:

Ein Abend im Kino. Sophia Loren und Marcello Mastroianni, mit viel Lachen, Striptease und italienischer Pasta.

Ein Abend bei Kerzenschein: Man löscht das Licht, stöpselt das Telefon und die Computer aus, zündet Kerzen an und küsst sich wie anno dazumal.

Ein Abend im Theater: Man geht in die Comédie-Française, oder man sucht mit Hilfe der App Ticke-Tac nach Last-Minute-Karten …

Ein Abend à la Emmanuelle: Statt mit dem Abendessen erwarten Sie ihn im Bett oder in einem Schaumbad …

Ein Abend wie frisch verliebt: Laden Sie den Geliebten im letzten Moment zum Essen ein, zum Beispiel in die Weinbar, in der Sie oft waren, als Sie noch frisch verliebt waren. Oder Sie treffen sich wie früher mit ihm zum Rendezvous im Hôtel Le Meurice auf einen Bellini und verbringen dort vielleicht eine wilde Nacht …

Zehn Jahre lang trifft man sich jeden Morgen am Toaster ... Wo ist da das Geheimnis?

Welches Geheimnis? Kleiner Scherz! Das Geheimnis ist eins der Schlüsselprobleme jeder dauerhaften Beziehung. Als Sie frisch verliebt waren, hat er die Anekdote geliebt, wie Sie bei der César-Verleihung über den Saum Ihres Kleides gestolpert und Jean Dujardin in die Arme gefallen sind. Heute entlockt sie ihm nur noch ein müdes Seufzen. Ihnen geht es ähnlich mit seinem Witz über das Schwein und den Briefträger, über den Sie sich früher gekrümmt haben vor Lachen, während Sie ihm heute ins Wort fallen und ihn selbst (schlecht) zu Ende zu erzählen. Das ist weit vom süßen Rausch des Anfangs entfernt, den Solal und seine Ariane in Albert Cohens Roman *Die Schöne des Herrn* erleben. Der Rausch ist definitiv nicht mehr ganz so süß, wenn der erste Satz, den wir am frühen Morgen hören, »Wo hast du das iPad hingelegt?« ist. Wie schafft man es also, strahlendes Objekt der Begierde zu bleiben?

Indem man sich diese Frage nicht stellt! Das Geheimnis ist ein Hirngespinst von Singles: Das, was Sie anzieht, ist doch genau dieses wunderbare Gefühl von Verbundenheit. Also muss man sich nicht um jeden Preis fremd bleiben und, wie Pierre Arditi und Évelyne Bouix es lange getan haben, in getrennten Wohnungen leben. Distanz, das Fundament einer gelungenen Paarbeziehung? Daran glaubt doch kaum noch einer. Das Leben zu zweit ist Seite an Seite einfach am schönsten. Was kann verführerischer sein als ein verstohlenes Zwinkern auf einer Party, das zeigt, dass Sie sich über dieselbe Situation amüsieren.

Die Goldene Regel:

Meiden Sie alles Hässliche. Trotz geistiger Vertrautheit bleibt man sich in Bezug auf körperliche Probleme fremd: Man spricht wenn möglich weder über Enthaarung, noch über Verdauungsprobleme. Und wenn man sich auszieht, erspart man seinem Partner den Anblick seiner Rettungsringe, die über die Strumpfhose quellen – was definitiv unsexy ist – oder das »Herausschälen« aus der Jeans, die man am Morgen erst nach zwanzig Minuten zubekommen hat ...

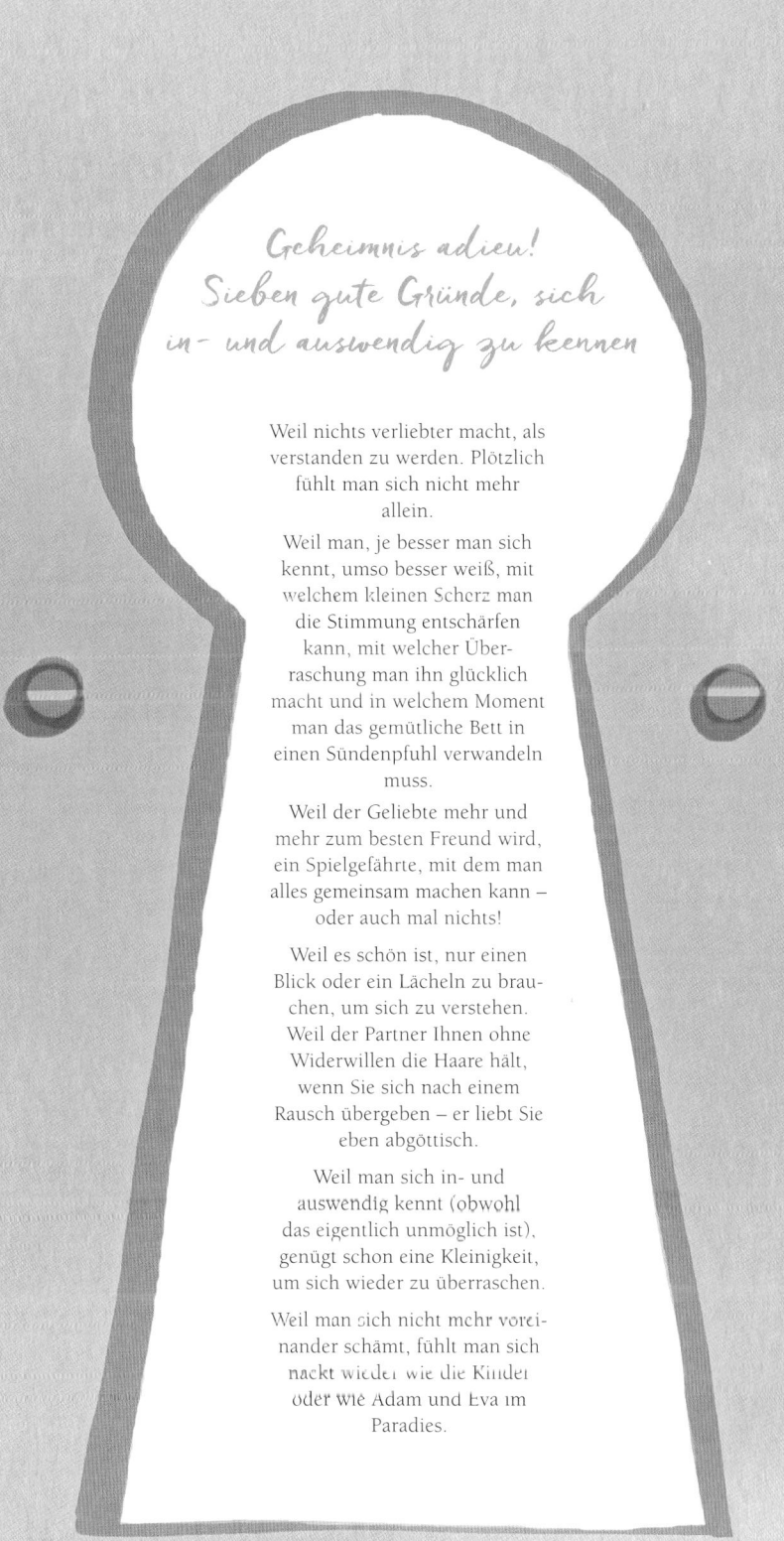

Geheimnis adieu!
Sieben gute Gründe, sich in- und auswendig zu kennen

Weil nichts verliebter macht, als verstanden zu werden. Plötzlich fühlt man sich nicht mehr allein.

Weil man, je besser man sich kennt, umso besser weiß, mit welchem kleinen Scherz man die Stimmung entschärfen kann, mit welcher Über- raschung man ihn glücklich macht und in welchem Moment man das gemütliche Bett in einen Sündenpfuhl verwandeln muss.

Weil der Geliebte mehr und mehr zum besten Freund wird, ein Spielgefährte, mit dem man alles gemeinsam machen kann – oder auch mal nichts!

Weil es schön ist, nur einen Blick oder ein Lächeln zu brau- chen, um sich zu verstehen. Weil der Partner Ihnen ohne Widerwillen die Haare hält, wenn Sie sich nach einem Rausch übergeben – er liebt Sie eben abgöttisch.

Weil man sich in- und auswendig kennt (obwohl das eigentlich unmöglich ist), genügt schon eine Kleinigkeit, um sich wieder zu überraschen.

Weil man sich nicht mehr vorei- nander schämt, fühlt man sich nackt wieder wie die Kinder oder wie Adam und Eva im Paradies.

Sie haben Lust zu spielen? Schenken Sie sich Sextoys!

»Mir tut der Meniskus weh«, »Nicht heute Abend, ich muss morgen früh raus«, »Ich habe gerade Stress mit dem Chef ...« Manchmal ist er derjenige, der die Ausreden erfindet. Selbst dass wir unsere sexy Seiden-Dessous anhaben, in denen wir aussehen wie Isabelle Adjani, berührt ihn nicht (und er uns somit auch nicht). Wenn der Sex wirklich zu eintönig oder für unseren Geschmack zu selten geworden ist, nehmen wir die Sache (und nicht nur die ...) selbst in die Hand. Und wie? Warum nicht mal Sextoys benutzen, um neuen Schwung in unser Liebesleben zu bringen? Ein spielerisches Mittel, um aus dem Alltagstrott auszubrechen und unser Liebesspiel aufzupeppen. Sie zu bekommen, ist nicht schwer: Man kann sie mit in den virtuellen Einkaufskorb schmuggeln, wenn man online bei Monoprix einkauft! Wenn man sich nicht zwischen dem Modell »Der Feuerwehrmann« oder »Der Tennislehrer« entscheiden kann, dann nimmt man einfach beide! Und wenn man Latexkleidung anprobieren oder die Ware mit eigenen Augen sehen will, mit wem zieht man los? Entweder, man geht mit seinem Partner auf amouröse Entdeckungstour, oder man zieht allein los, aber auf keinen Fall mit seinen Freundinnen. Sextoys zu kaufen ist kein Tupperware-Abend, sondern etwas Erwachsenes, köstlich Aufregendes und Lustiges, das man mit seinem Partner teilen sollte: Schieben Sie den roten Vorhang des berüchtigten Sexodromes in Pigalle beiseite, verkneifen Sie sich das Lachen über die ausgefallenen Produkte und shoppen Sie nach Herzenslust!

Die Goldene Regel: Haben Sie keine Angst, ihn mit Strapsen, Liebeskugeln oder einem Schwesternkittel zu schockieren! Ihr Partner hat ganz sicher nichts gegen Ihre Versuche einzuwenden, Ihr Liebesleben wieder auf Touren zu bringen. Im Gegenteil. Das Schlimmste, was passieren kann, ist, dass Sie beide lachen müssen – wie legt man dieses Ding an? –, und auch das kann Sie einander wieder näher bringen!

So macht's die Pariserin:
EIN ABEND IM THEATER

Sie wissen nicht, wie Sie ihm Ihre Lust auf Schlüpfriges gestehen sollen? Schlagen Sie ihm einen Besuch in einem der Theater in der Rue de la Gaîté vor. Dort geht es ebenso heiß her wie in Pigalle, und es gibt genauso viele Theater wie Sexshops. Eine gute Gelegenheit, nebenbei ein erotisches Accessoire kaufen zu gehen, wenn man gerade aus einer witzigen One-Man-Show kommt. So schlägt man zwei Fliegen mit einer Klappe!

Er hasst meine Ballerina-Sammlung

Anfangs fand er Ihren kleinen Modetick ja noch süß. Danach hat er es immerhin toleriert, Sie stets mit flachen Schuhen über Gehsteige laufen und radeln zu sehen, aber mittlerweile kann er Ihre Ballerinas nicht mehr ausstehen? Sagen Sie sich, dass das keine Metapher für Ihre Beziehung ist. Vielleicht hat er ja recht, und Sie stimmen ihm im Stillen zu, dass Ballerinas nicht gerade megasexy sind … Aber man gibt seine Vorlieben nicht einfach so auf, weil sie einem anderen nicht gefallen, schon aus Prinzip nicht. Seine Eigenheiten zu bewahren gehört zu den Geheimnissen einer funktionierenden Beziehung. Also wirft man seine Sammlung nicht gleich in den Müll! Man spielt Audrey Hepburn in *Ein süßer Fratz*, die mit Ballerinas an den Füßen »Bonjour Paris« schmettert. Man hält zu seinen Schuhen wie zu seinen besten Freundinnen. Man sext sie auf, indem man welche kauft, die möglichst viel von den Zehen sehen lassen, und kombiniert sie mit einer Boyfriend-Jeans, einem kurzen Kleid oder einer Seidenbluse, die eine Schulter oder die Rundung eines Busens entblößt.

Die Goldene Regel: Zu lieben heißt »d'aimer quand même«, wie es im Chanson des großen Weisen Pascal Obispo heißt – trotzdem zu lieben, beziehungsweise trotz all der Dinge, die man am anderen nicht zu lieben glaubt. Kultivieren Sie also Ihre Macken, denn in einer Beziehung sind es vor allem sie, die am Ende bleiben …

So macht's die Pariserin:
LA BELLE OTERO

Wir machen es wie die spanische Kurtisane, die während der Belle Epoque Paris beherrschte. Egal, was Sie trug, an ihr sah alles teuflisch sexy aus, ein Diamant zwischen den Brüsten, deren Vollkommenheit, wie es heißt, die Kuppel des Carlton in Cannes inspiriert haben soll. Wir überstrahlen unsere Garderobe, bis kein Mann auf der Party sich noch an etwas anderes erinnern kann als an unseren sinnlichen Tanz!

Fünf Beispiele, wie man Kleidungsstücke aufpeppen kann

Ein langer Rock? Ja, aber mit Top. | Rollkragen? Ja, aber im Stil von Audrey Hepburn: schwarzer, enger Rolli, schwarze schmale Hose und Ballerinas. | Espandrilles mit Keilabsatz? Nein, das war eine Falle! Die kann kein Mann leiden, wir haben es ausprobiert. | Ein weiter Leinenpulli? Ja, aber mit Minirock oder einer engen Lederhose. | Eine Boyfriend-Jeans und ein ganz gewöhnliches T-Shirt? Ja, aber mit einer Männerweste, auffälligem Schmuck und Pumps, die dem Look etwas Rockiges, Feminines verleihen.

Style ich mich auch am Wochenende?

Nachdem man sich fünfmal die Woche jeden Morgen chic machen und im Rückspiegel Wimperntusche auflegen musste, ohne sie zu verschmieren, ist der Wunsch, am Wochenende einfach einen alten Pulli überzuziehen, völlig verständlich. Aber riskant! Darum kommt es, selbst in Gegenwart seines engsten Vertrauten, nicht in Frage, sich (völlig) gehen zu lassen. Man mogelt mit einem weiten Kuschel-Pulli, der eine Schulter frei lässt, oder einem losen T-Shirt, unter dem sich die Brüste abzeichnen, oder einem seiner Hemden aus ägyptischer Baumwolle, das als sehr kurzes Kleid dient. Dazu ein Hauch Concealer und Bräunungspuder: Das dauert nur fünf Sekunden, macht aber fünf Jahre jünger!

Als gute Pariserin hat man immer das bittersüße Chanson des Visionärs Charles Aznavour im Hinterkopf, »Tu te laisses aller« – du lässt dich gehen –, das einem als Abschreckung dient: »Pour maigrir, fais un peu de sport, Arrange-toi devant la glace, Accroche un sourire à ta face, Maquille ton coeur et ton corps« – treib Sport, um abzunehmen, stell dich vor den Spiegel, ein Lächeln im Gesicht, schmink dein Herz und deinen Körper. Um diese Worte niemals zu hören, bleiben wir wachsam: Vermeiden wir es, das ganze Wochenende in Leggins herumzulaufen, und mögen sie auch noch so chic sein. Stattdessen nutzen wir – als Königin des Understatements – das Wochenende, um unsere Haut zu pflegen, bis sie natürlich-frisch strahlt. Ein Look, der überall geht? Glänzende Haare, nickelfarbener Nagellack und Nude-Make-up.

Die Goldene Regel: Stylen Sie sich, als kämen Sie gerade nach dem Liebemachen aus dem Bett: zerwühlte Haare, Gradient Lips, lässige Kleidung. Das ist teuflisch sexy. So erobert man Paris im Sturm. Aber Achtung: wild ja, primitiv nein. Man geht nicht so weit, splitterfasernackt ein Schwätzchen mit ihm in der Küche zu halten, das verdirbt ihm den Appetit.

So macht's die Pariserin:
WIE WEIHNACHTEN

Werfen Sie sich regelmäßig in Schale, verwandeln Sie sich, und bringen Sie ihn zum Träumen. In den großen Pariser Kaufhäusern ist es Tradition, jedes Jahr an den Feiertagen die Schaufenster herauszuputzen. Ergebnis: ein Anblick, der alle Augen zum Leuchten bringt. Machen Sie es ebenso: Gehen Sie von Zeit zu Zeit aus, als würden Sie gleich die Treppe von Cannes hinunterschreiten! Wenn Sie sich Ihrer kleinen Familie zeigen, gestylt wie eine Diva, mit einer Frisur, die ebenso ausgefallen ist wie Ihr Goldlamé-Kleid, wird er Lust bekommen, sein Geschenk auszupacken!

Kommst du mit joggen, Liebling?

Sie haben ihn als Segler kenngelernt, der ein Schiff in die untergehende Sonne steuerte, ganz wie Alain Delon in *Nur die Sonne war Zeuge*. Zehn Jahre später ist er noch genauso charmant ... Nur die Ähnlichkeit mit Delon ist geschwunden. Durch seine Vorliebe für Restaurantbesuche, Käseplatten zum Aperitif und seine kleine Schwäche für Schoko-Croissants hat er etwas zugelegt, und das lässt ihm keine Ruhe. Daher seine seltsame Frage letzte Woche, ob es stimme, dass Koffein beim Abnehmen hilft. Deprimierend? Im Gegenteil, es ist attraktiv, dass er nach so vielen Jahren Eheleben noch Wert darauf legt, in Form zu bleiben.

Zwei Möglichkeiten:

– Entweder Sie lieben ihn so, wie er ist: mit seinem kleinen Schmerbauch (wenn er aussieht wie der von Yvan Attal, nicht der von Carlos). Fühlt sich sexy an, ein Mann, an dem ein bisschen was dran ist. So ein kleiner Rettungsring enthält Ehespeck, wie den Überfluss an Zärtlichkeit, die Sie füreinander empfinden. Dann lassen Sie ihm doch seine Sahne auf dem Kaffee!

– Oder Sie lieben ihn klarsichtig: mit realistischem Blick! Es stimmt, ein Kilo Gewichtszunahme pro Jahr ist nichts, aber Sie sind jetzt seit zehn Jahren zusammen. Sie können ihm helfen. Aber nicht irgendwie. Gehen Sie auf keinen Fall zusammen zur Calisthenics-Stunde, es ist nicht schön mitanzusehen, dass der andere keine zehn Liegestütze am Stück schafft, und auch nicht zum Bikram-Yoga, zwölf schwitzende Menschen, das hat mehr etwas von einer Orgie. Aber unterstützen Sie ihn. Wenn er Joggen geht, sehen Sie über sein Outfit hinweg ... und loben seine Entschlossenheit. Und wenn er, wie ein ganzer Mann riechend, nach Hause kommt, fallen Sie über ihn her!

Die Goldene Regel:

Setzen Sie auf den Spiegeleffekt, jene Reflektion von uns, die wir im anderen wahrnehmen und die uns zwingt, uns mit ehrlichem Blick zu betrachten. Das macht uns ebenfalls Lust darauf, uns Mühe zu geben, und stärkt die Motivation, auf unser Äußeres zu achten.

Er geht immer noch jeden Donnerstagabend ins Castel!

Seien wir ehrlich, ein Kerl, der ausgeht, ist uns allemal lieber als einer, der zur immer gleichen Zeit in seine Pantoffeln schlüpft! Trotzdem, jahrein, jahraus seine heißgeliebten »Abende mit alten Kumpels« zu ertragen (was nichts anderes ist als ein Haufen Nachtschwärmer auf Champagner-Sauftour), das kann einem schon auf den Zeiger gehen. So wie angeblich unaufschiebbare Poker-Abende. Aber Sie werden ihn in dieser Hinsicht nicht ändern, und das ist auch gut so, denn so ein ewiger Lebemann hat doch etwas Aufregendes!

Wie man am besten damit umgeht? Jedenfalls reagiert man nicht mit Eifersucht: Nur weil er in die Disco geht, heißt das nicht, dass er all die kleinen Tanzmäuse dort vernaschen will. Und wer wirklich fremdgehen will, kann das auch bei Monoprix tun. Außerdem profitieren auch Sie von seiner Feierwütigkeit. All die Nächte in der Rue Princesse haben einen DJ der Spitzenklasse aus ihm gemacht? Aus genau dem Grund sind Ihre Partys bei Freunden so heißbegehrt. Und vielleicht gehen Sie ja auch mal gern ohne ihn essen, mischen sich im Le Carmen unters gemeine Volk oder legen im Le Montana einen glanzvollen Auftritt hin. Ausgehen ist zwar kein Wettbewerb, aber es ist trotzdem lustig, sein halb überraschtes, halb neidisches Gesicht zu sehen, wenn Sie nach ihm nach Hause kommen. Und in Fällen von vorübergehender Trägheit nutzen Sie die Gelegenheit, das Haus ganz für sich zu haben: Nehmen Sie ein heißes Bad, lesen Sie ein gutes Buch und wenden Sie die übelriechende Essigtinktur an, die zwar einen wunderbaren Glanz ins Haar zaubert, die Sie Ihrem Partner aber nicht zumuten wollen.

Die Goldene Regel: Paris bleibt Paris ... und auch er wird immer der bleiben, der er ist. Also schmollen Sie nicht, sondern erinnern Sie sich daran, was Sie anfangs an ihm angezogen hat: sein Elan, sein Lebenshunger ... davon hat er bis heute nichts eingebüßt.

So macht's die Pariserin:
RIVE DROITE, RIVE GAUCHE

Jeder von uns ist anders, einzigartig, ein Original mit seiner ganz persönlichen Geschichte, seiner ganz eigenen Welt. So verhält es sich auch mit dem rechten und dem linken Seine-Ufer: Seelenverwandte auf sich gegenüberliegenden Seiten, die sich immer im Blick haben, deren Verbindung aber nicht symbiotisch, sondern komplementär ist. In der Liebe ist es ähnlich: Jedem sein eigenes Reich.

Wohin gehen wir tanzen?

Le Cafe Carmen, wegen seiner bizarren Mischung aus altem Pariser Stadthaus, antiken Möbeln, Zierleisten und extravaganten Rokoko-Statuen.
34, Rue Duperré, 75009 Paris
www. le-carmen.fr

Le Barbes, eine Art neuer Concept-Store der Nacht; tagsüber kann man sich auf der Dachterrasse sonnen, in der Brasserie etwas essen oder im Patio-Raucherzimmer im ersten Stock etwas trinken gehen und abends unter der Discokugel das Tanzbein schwingen.

Le Badaboum, eine Cocktailbar wie ein gemütliches Appartement und Elektro-Musik, zu der die ganze Hauptstadt tanzt.
2 bis, Rue des Taillandiers,
75011 Paris
www.badaboum.paris

Le Silencio, wo man sich am frühen Abend einen Gurkencocktail oder eine Zigarette im Raucherzimmer gönnen kann, das mit scheinbar im Raum schwebenden Bäumen dekoriert ist. Das traumartige Ambiente der von David Lynch entworfenen Einrichtung zieht die Kreativen von Paris an.
142, Rue Montmartre, 75002 Paris
www.silencio-club.com

Im **Castel** gaben sich schon Françoise Sagan, Dalí und Gainsbourg die Ehre. Heute ist es dem Zeitgeschmack angepasst, mit ausgesuchten Mitgliedern und erotischer Ausstattung (werfen Sie unbedingt einen genaueren Blick auf die Teppiche!).
15, Rue Princesse, 75006 Paris

Sehr neu, sehr, sehr schön, wurde **Les Bains** mit einem zusätzlichen Hotel wiedereröffnet, in jener alten Badeanstalt, die schon Proust kannte und die später zu einem Club umgebaut wurde, in dem sich u. a. Stars wie Madonna auf der Tanzfläche tummelten. Im Erdgeschoss befindet sich ein Restaurant mit einer unglaublichen, an das Innere eines Wals erinnernden Einrichtung und im Untergeschoss der Club mit dem berüchtigten Pool ...
7, Rue du Bourg-l'Abbé, 75004 Paris
www.lesbains-paris.com

Le Syndicat, in dem man tanzen und einige der besten Cocktails von Paris trinken kann. Urfranzösische Aperitifs aus den 1960er Jahren im modernen Stil, auf Basis von Chartreuse, weißem Armagnac, Absinth und Lillet Blanc – köstliche Nostalgie.
51, Rue du Faubourg-Saint-Denis,
75010 Paris
www.syndicatcocktailclub.com

Le Starnight, von dem man munkelt, es sei das neue Le Baron. Eine alte Zouk-Disco, die zum Hipster-Treffpunkt avanciert ist.
52, Rue des Petites-Écuries,
75010 Paris
www.star-nightpalace.fr

Le Montana, da, wo die Stars hingehen. Zumindest einige. Ein ziemlich kleiner Club am linken Seine-Ufer, wo man die Nacht zum Tag machen kann.
28 Rue Saint-Benoît, 75006 Paris
www.hotel-lemontana.com

Ich will nicht alle naselang über seine alten Boxershorts stolpern!

Auch bei der Intimität steckt der Teufel in den Details, und die muss man irgendwie abklären. Zwar sind die Zeiten Ludwig XIV. vorbei, in denen man seine weißen Hemden, die in großen Truhen aufbewahrt wurden, fünfmal am Tag wechseln musste, damit niemand merkte, wie schmutzig der Körper war, trotzdem muss man sich auch heute noch (gelegentlich) als Waschfrau betätigen. Macht man die Wäsche gemeinsam? Nichts ist ein größerer Lustkiller, als die Boxershorts seines Geliebten zwischen zerknitterten Socken liegen zu sehen. Wir plädieren dafür, dass jeder seine Wäsche selbst wäscht. Ende der Diskussion. Ebenso verhält es sich mit Ohropax, Epiliergeräten, Anti-Cellulite-Cremes oder haarigen Bartschneidern: Man verbirgt sie nach Möglichkeit. Aber warum soll man denn nicht mit einem guten Buch und einer Rolle Toilettenpapier unter dem Arm das Wohnzimmer verlassen wie in dem Film *Camping*? Das hat nichts mit übertriebener Schamhaftigkeit zu tun, schließlich sind Sie die Erste, die schallend über die schlüpfrigsten Witze lacht! Es geht vielmehr darum, dass man auf den anderen Rücksicht nimmt, das ist etwas völlig anderes.

Die Goldene Regel: Im Falle eines wie auch immer gearteten Fauxpas macht man kein Drama daraus, man reagiert weder verkniffen, noch leugnet man seine Verlegenheit. Man lacht darüber, und das war's.

So macht's die Pariserin:
DER DRUGSTORE-TRICK

Kleine Überraschungen können Abwechslung in den grauen Alltag bringen. Nehmen Sie den Publicis Drugstore auf den Champs-Élysées. Ein Concept-Store der ersten Stunde, Tag und Nacht geöffnet, die reinste Fundgrube für Geschenke in letzter Minute: eine Schachtel Macarons von Pierre Hermé, eine Flasche Schaumwein für prickelnde Stunden zu zweit auf dem Sofa. Oder man nutzt die Anonymität – der Apotheker im Drugstore kennt Sie nicht – und kauft Wundermittelchen oder Gleitgel, je nach aktueller Problemlage.

Was sich liebt …
das rechnet sich?

Wie schafft man es, auch wenn man keinen im Garten vergrabenen Goldschatz oder Molières Geizigen zum Partner hat, unter einem Dach wohnt, Kinder hat und, dank etwas Glück oder einer Erbschaft, vielleicht ein Häuschen in der Normandie, die gemeinsamen Finanzen zu verwalten? Er ist wie die Grille, und Sie sind wie die Ameise, oder umgekehrt, jedenfalls kann Ihre Beziehung ein ähnlich unversöhnliches Ende nehmen wie in der Fabel von La Fontaine.

Die Eröffnung eines Gemeinschaftskontos empfiehlt sich beim Kauf der ersten gemeinsamen Wohnung, bei der Geburt des ersten Kindes und für Alltägliches. Und um diskret sein Einkommen auszugleichen, wenn Sie mehr verdienen als er oder umgekehrt. Die Pariserin ist stolz auf ihre Unabhängigkeit und legt Wert darauf, alle Rechnungen zu teilen. Ansonsten hält man es mit den Bankkonten wie mit der schmutzigen Wäsche: Jedem das Seine. Selbst wenn Sie nicht so verschwenderisch sind wie Marie-Antoinette, Ihr Schatz braucht die Kontoauszüge nicht zu sehen, die Ihre kleine Extravaganz bei La Perla enthüllen. Deren Preis kann etwas überzogen wirken, wenn man sie gerade nicht trägt. Die Regel gilt für beide: Man durchwühlt nicht seine Taschen, um seine Quittungen zu kontrollieren und herauszufinden, wie viel die neue Gitarre oder die neue Anlage gekostet hat. Ein Gemeinschaftskonto für den Alltag, ansonsten hat jeder seine eigene Bank. Auf die Art erspart man sich so manchen Streit am Monatsende.

Die Goldene Regel:

Man verrät nie, wie viel man für ein Geschenk ausgegeben hat, ganz besonders dann nicht, wenn man gesündigt hat. Der Preis für das aus Australien importierte Surfbrett? Die Strähnen vom Starcoiffeur John Nollet? Das behält man besser für sich, genau wie den Preis der Sneaker, die man ihm liebevoll vor das Bett stellt und über die er stolz zu seinen Freunden sagt: »Die hat mir meine Frau geschenkt!«

Während der Schwangerschaft war ich eine Sexgöttin, jetzt habe ich das Gefühl, im Zölibat zu leben ...

In den ersten drei Monaten verwandeln die Hormone uns in Monica Bellucci, mit einem Riesendekolleté und einer Libido, die ungeahnte Ausmaße annimmt. Die nächsten drei Monate sind, obwohl es nicht mehr ganz so stürmisch zugeht, sogar noch besser. Im Eifer des Gefechts schwanken wir zwischen Zärtlichkeit und gewagteren Praktiken hin und her. Eine gute Gelegenheit, das Kamasutra auszuprobieren, denn all unsere Sinne sind geschärft. Die letzten drei Monate sind in dieser Hinsicht weniger intensiv ... wenn vielleicht auch nicht immer. Aber sobald das Baby da ist, ist unser Körper erschöpft, Schlaf ein seltenes Gut und das eheliche Bett wie verwandelt. Statt als Ort hitziger Ausschweifung dient es jetzt zum Stillen oder Fläschchen geben. Und statt eines sexy Negligées findet man unter der Decke Sophie die Giraffe und eine Reihe von verloren geglaubten Schnullern ... Man kommt gar nicht mehr auf die Idee, sich aus anderen Gründen hineinzulegen, als auf der Stelle erschöpft einzuschlafen. Aber was, wenn man doch mal wieder Lust hat, es im Bett richtig rundgehen zu lassen? Setzen Sie verstärkt auf Zärtlichkeit, um die Sexualität aus ihrem Dornröschenschlaf zu wecken. Und schützen Sie weder das Baby noch die Müdigkeit vor: Vergessen Sie nicht, die Kinder sind irgendwann aus dem Haus, aber die Beziehung bleibt. Und die Aussicht auf ein Leben ohne Sex sollte Ihnen Motivation genug sein!

Die Goldene Regel: Man überträgt die Haut-an-Haut-Technik, bei der man das Neugeborene auf den Bauch der Eltern legt, auf seinen Schatz. Sich zu berühren und zu umarmen bleibt der kürzeste Weg, um Intimität herzustellen und in die Lust zurückzufinden. Es ist, als würde man das erste Mal erneut erleben. Und das wird all die kleinen Spannungen, die mit der Geburt des Babys entstanden sind, lösen.

So macht's die Pariserin:
KULTUR RETTET ALLES

Finden Sie ein Programmkino und schauen Sie sich den Film Die Mama und die Hure *an, in dem Jean-Pierre Léaud sich zwischen zwei Geliebten entscheiden muss, die jeweils einen weiblichen Archetyp verkörpern. Die Herausforderung? Beide Facetten zu leben und von zärtlicher Liebe zu rasender Leidenschaft zu wechseln.*

Das erste Kind:
Ich habe das Gefühl, im Auge eines Tsunamis zu leben!

Huch! Ein neues Paar schläft in Ihrem Bett: Mama und Papa. Und noch schlimmer: Es handelt sich um Sie! Auf dieses Trauma ist niemand vorbereitet. Natürlich ist die Pariserin, jenes seltsame, facettenreiche Wesen, in gewissem Maß dagegen gefeit: Sie hört nicht auf zu leben, ob sie ein Kind hat oder ein halbes Dutzend. Aber wenn zu lieben heißt, in die gleiche Richtung zu schauen, kann es gefährlich werden, wenn das bedeutet, nur noch auf eine rosa oder himmelblaue Trage zu starren, aus der Babygebrabbel dringt. Kopf hoch, richten Sie den Blick über die Wiege hinaus auf den Horizont Ihrer Liebe. Anfangs kostet es vielleicht etwas Mühe. Wenn ihm also nicht aufgefallen ist, dass Sie im Kosmetiksalon waren und Sie nicht gemerkt haben, dass er sich seinen Hipster-Bart abrasiert hat, keine Sorge, das kommt schon wieder. Bringen Sie das kleine Wunder dorthin, wo es hingehört: ins Kinderzimmer! Damit Sie endlich wieder schlafen und einen Orgasmus haben können. Wenn Sie es alleine nicht schaffen, sich von Ihrem Baby zu lösen, verlangen Sie von Ihrem Geliebten, Sie zu entführen. Es ist auch seine Aufgabe, die Mutter beim Abnabelungsprozess zu unterstützen, also lassen Sie ihn diese männliche Rolle übernehmen, das macht ihn auf ewig zu Ihrem Geliebten. Und es wird ihn nicht daran hindern, ein guter Vater zu sein. Übergeben Sie Ihr kleines Monster einem Freiwilligen, gehen Sie Hand in Hand durch den Parc des Buttes-Chaumont, oder wagen Sie sich sogar noch weiter hinaus: Wie wär's mit einem Tagesausflug ins berühmte Trouville, um am Meer Austern zu essen?

Die Goldene Regel: Kinder sind etwas Wunderbares und lassen ein Paar über sich hinauswachsen, solange es nicht nur um sie geht. Behalten Sie im Hinterkopf, dass Ihr Partner zwar die Mutter bewundert, die aus Ihnen geworden ist … aber dass er auch und vor allem in das unbeschwerte, anmutige Mädchen verliebt bleiben muss, das er kennengelernt hat.

DAS BEISSRING-KLISCHEE

Sie gehen nicht mehr aus? »Wegen der Kinder«. Wer's glaubt! Das ist nur eine Ausrede. Wenn man nicht mehr ausgeht, dann weil man keine Lust dazu hat und das Baby als Vorwand benutzt! Sehen Sie sich um, nicht alle Paare haben das Ausgehen aufgegeben, seit sie Eltern geworden sind: Frédéric Beigbeder und seine Frau haben die Geburt ihrer Tochter im Chez Castel gefeiert.

Seine Geschenke sind fantastisch ... in einem von zwölf Fällen

Er vergisst nie einen Geburtstag, hat jedoch kein glückliches Händchen beim Geschenke aussuchen und trifft selten ins Schwarze. Wie neulich zu Weihnachten, als er sich an einem überaus persönlichen Kunstwerk versucht hat: Ihr Foto in Neonpink im Stil von Andy Warhol ... ein Fiasko. Und was soll man zu dem Rock in Größe 34 sagen, den Sie nicht zubekommen – auch wenn Sie sich wegen der Beschreibung geschmeichelt fühlen, die er der Verkäuferin von Ihnen gegeben hat: »Meine Frau ist ausgesprochen zierlich« – ein Beweis, dass er Sie immer noch durch die rosarote Brille sieht! Ganz zu schweigen von dem Gutschein für einen Induktionsherd ... Egal um was für ein Geschenk es sich handelt, er liegt meilenweit daneben. Und es kommt nicht in Frage, zu verlangen, dass er es umtauscht, da ist er sensibel.

Nun gut. Besser, man ringt sich ein künstliches Lächeln ab, sagt ihm, dass man ihn liebt und wendet die Jahrzehnt-Methode an: Zu Ihrem Dreißigsten, Vierzigsten, Fünfzigsten ... lotsen Sie ihn zum richtigen Geschenk, es muss auch nicht allzu subtil sein. Stellen Sie wie Kinder zu Weihnachten eine Wunschliste zusammen. Einmal ist keinmal, und schließlich haben Sie verdient, dass er Ihnen die Sterne vom Himmel holt. Oder zumindest fast: »Ich hätte gern einen Brillantring, Schlangenlederschuhe und einen silbernen Armreif.« In den Jahren dazwischen lässt man ihn gewähren und amüsiert sich insgeheim, denn es ist toll, einen Mann zu haben, dem immer noch daran gelegen ist, Ihnen eine Freude zu machen, und dessen Fehlkäufe Stoff für die besten Party-Anekdoten sind. Aber seien wir mal ehrlich: Auch Sie greifen schon mal daneben (denken Sie an sein entgeistertes Gesicht beim Anblick des senfgelben Rollkragenpullis!).

Die Goldene Regel:

Wenn er Ihnen das Falsche schenkt, dann nicht, weil er Sie nicht liebt, sondern weil er ungeschickt und spontan ist ... genau wie Sie!

Keine Zeit für ein Schäferstündchen? Ein Quickie geht immer!

Denken Sie, wenn Sie »Schäferstündchen« hören, spontan an »Schläferstündchen«? Bevor Sie die x-te Liste mit Frondiensten zusammenstellen, die noch erledigt werden müssen, schreiben Sie lieber Ihre geheimsten Fantasien auf! Das ist wesentlich unterhaltsamer! In einer Beziehung sagt man prinzipiell erst mal zu allem ja, woraus sich Sex entwickeln könnte. Der Appetit kommt beim Essen. Sie haben, anders als am Anfang, keine Zeit mehr für ausgiebige Zungenküsse, wie das Paar auf dem berühmten Foto »Le Baiser de l'hôtel de ville« oder dafür, stundenlang seufzend auf dem Pont des Arts zu stehen und zuzusehen, wie die Sonne in der Seine versinkt? Es gibt noch einen guten alten Trick, einen Trumpf, den Sie aus dem Ärmel ziehen können, der ideal ist für überarbeitete Supergirls: Schlagen Sie ihm ein Nümmerchen vor, aber eins auf die Schnelle ... einen Quickie! So macht man aus der Not eine Tugend.

Im Bad, nach der Dusche und vor dem Aperitif? Eine Runde Express-Horizontalmambo nach dem Familienessen oder vor dem Sandmännchen? Im Surfbrett-Schuppen des Ferienhauses? Zögern Sie nicht! Sie haben noch das ganze Leben Zeit, um zur Romantik und einem Vorspiel zurückzufinden.

Die Goldene Regel:

Jede Gelegenheit ist günstig! Auch wenn wir nicht mehr den ganzen Nachmittag Zeit haben, um uns vorzubereiten, Duftkerzen anzuzünden, uns ein heißes Bad einlaufen zu lassen und unseren Körper mit Duftölen zu pflegen – wenn wir Lust darauf haben, sollten wir es uns nicht verkneifen: Wir fallen einfach über ihn her. Und wenn man sich wirklich Zeit nehmen will, gönnt man sich regelmäßig eine Liebesnacht im Hotel – die gibt es in Paris ja in Hülle und Fülle (vgl. Seite 45). Ein schönes Ritual!

Träume ich, oder hat er sich in eine Nanny verwandelt?

Wenn man ein Kind hat, gelten auf einen Schlag neue Spielregeln. Weniger Abende im Straßencafé mit Vincent, François, Paul und den anderen Jungs, dafür mehr kleine Zwischenmahlzeiten im Jardin des Plantes, das Fläschchen in der einen, den Löffelbiskuit in der anderen Hand.

Das Problem? Jetzt, wo Sie es in Angriff nehmen, Ihre guten alten Gewohnheiten wieder aufzunehmen – ein Frühstück im Café mit Ihren Freundinnen, den Kinderwagen sicher am Tisch geparkt, oder ein Essen im Freien, jetzt, wo Sie sich wieder ohne schlechtes Gewissen ein Gläschen genehmigen dürfen – hat sich ihr Partner in Mrs. Doubtfire verwandelt: den Elternratgeber in der einen, eine Windel in der anderen Hand, eine Kette aus Bio-Bast mit Ersatzschnullern um den Hals, keine Lust mehr, einen Fuß vor die Tür zu setzen, weil er zu sehr damit beschäftigt ist, das Baby zu hätscheln. Genial ... aber wie gewöhnt man ihm die Diskussionen über das Für und Wider von Ibuprofen oder bis wann ein Kind im elterlichen Bett schlafen darf wieder ab?

Erstens besteht dazu kein Anlass, lassen Sie ihn ruhig machen. Zweitens stellen Sie – zusammen – einen alltagstauglichen Plan auf. Es gibt Tagesmütter, Krippen und Haushaltshilfen, und man braucht keine Komplexe zu bekommen, wenn man mal nicht alles perfekt im Griff hat. Alle freiwilligen Angebote, den Babysitter zu spielen, werden gerne genommen: Der Patenonkel, die Schwiegermutter, etc. ... können sich um das kleine Wunder kümmern, während Sie mit ihm in den Tuilerien essen gehen. Und schicken Sie ihn in die Kneipe zum Rugbygucken mit seinen Kumpels, er hat ganz vergessen, wie gern er das immer getan hat!

Die Goldene Regel:

Gesetzt den (immer noch seltenen) Fall, dass Ihr Mann zum Kindermädchen mutiert ist, stellen wir eine Grundregel auf, die sich sowohl bei der Erziehung als auch in der Küche als auch bei der Wohnungseinrichtung anwenden lässt: Wer gerade dafür verantwortlich ist, hat recht. Wenn er also der Kleinen eine Strumpfhose anzieht, die nicht zum Kleidchen passt, ist das in Ordnung. Im Gegenzug muss es auch umgekehrt funktionieren. Sie organisieren die Ferien am Mittelmeer? Keine Kritik von seiner Seite! Und loben Sie sich gegenseitig ... Verkneifen Sie sich die kleine Stichelei über die Farbe des Regals, das er ohne Sie ausgesucht hat ... dann hätten Sie eben dabei sein müssen! Kurz, je lockerer Sie es nehmen, desto mehr Spaß macht das Leben!

Zugegeben, ich find's sexy, ihn auf dem Roller zu sehen

Es geht nicht mehr jeden Abend zu wie in *Den Teufel im Leib,* aber komischerweise lassen Sie jetzt andere Dinge dahinschmelzen. Es könnte auch lächerlich wirken, die Liebe seines Lebens auf einem Roller zu sehen (besonders auf dem Ihres Sohnes, der in die Grundschule geht). Aber für Sie ist es alles andere als abschreckend. Mehr noch, es macht Sie ganz schwach. Haben Sie den Verstand verloren?

Nicht doch! Wenn Sie ihn auf einem Roller sehen, dann, weil er Ihre Gören in die Schule, zu einem Kurs über die Bildhauerei der italienischen Renaissance im Louvre oder zum Streichelzoo im Parc de Saint-Cloud gebracht hat. Offenbar werden Männer, die sich um ihre Kinder kümmern, von ihren Partnerinnen als attraktiver eingestuft ... Und das stimmt! Sämtliche Studien beweisen, dass, wenn die Aufgaben zwischen Mann und Frau im Haushalt oder bei der Kindererziehung in etwa gleich verteilt sind, sich ihr Sexualleben deutlich verbessert ... Ach, wenn man Ihnen vor ein paar Jahren erzählt hätte, welch stürmische Triebe es in Ihnen auslösen würde, wenn Sie ihn mit dem Staubsauger vorbeigehen sehen!

Die Goldene Regel:

Man befreit sich ein für alle Mal von den Klischees, die uns immer noch im Kopf herumspuken: Ein echter Mann darf dies tun, aber jenes nicht. Er kann ausgezeichnet stepptanzen, hervorragend patchworken, kleine Löffel sammeln und trotzdem sexy sein: Alles eine Frage der Haltung!

Neulich hätte ich ihn fast zur Schnecke gemacht

Sie sind kurz davor, ihn runterzuputzen, wie es Paul und Blandine in dem Film *Das Scheusal* von Sacha Guitry tun, ein Paar, das seit zwanzig Jahren verheiratet ist; die beiden können sich nicht mehr riechen und wissen sich nicht anders zu helfen, als zu überlegen, wie sie ihren Partner beseitigen lassen können. Sie dagegen vergöttern sich natürlich, aber manchmal hat man sich eben nicht im Griff. Vernünftig miteinander reden? Eine Kunst, die schwerer zu erlernen ist als Sticken bei Lesage.

Was sollte man also tolerieren, ohne so weit zu gehen wie Paul, der Blandine »fette Tonne« nennt? Manche Leute hindert ein »Verpiss dich, du Wichser« nicht daran, sich fünf Minuten später schon wieder leidenschaftlich zu küssen. Andere verlangen schon wegen eines »du kannst mich mal« die Scheidung ... Kurz, jedes Paar muss seine »Betriebsanleitung« selbst schreiben.

Trotzdem, es kann nicht schaden, an die höfische Liebe im Mittelalter zu denken, damals haben sich die Liebenden gegenseitig Gedichte vorgelesen, statt sich Beleidigungen an den Kopf zu werfen. Aber vor allem: Setzen Sie sich Grenzen, und halten Sie sich daran. Oder denken Sie sich Pseudo-Beleidigungen aus, die Ihnen Erleichterung verschaffen, den Partner aber auch zum Lächeln bringen, etwa »du kleiner Doofmann« oder »Du nervst ohne Ende, und das Schlimmste ist, ich liebe es«. So werden Sie, statt sich den Vogel zu zeigen, zu unzertrennlichen Turteltauben.

Die Goldene Regel: Beleidigungen sind ein Tabu, damit erniedrigt man den anderen und setzt ihn herab. Nicht persönlich werden und keine Bosheiten, niemals. Einzige Ausnahme? Im Bett. Einmal unter der Decke, erlauben wir uns, unsere Aggressivität in feurige Leidenschaft umwandeln. Die andere Ausnahme ist natürlich das Autofahren. Aber das zählt in Paris nun wirklich nicht.

So macht's die Pariserin:
DER SEILBAHN-TRICK

Gönnen Sie sich eine Seilbahnfahrt nach Montmartre hinauf und werfen Sie einen Blick nach unten, wo ganz Paris Ihnen zu Füßen liegt: Alles sieht plötzlich ganz anders aus! So ähnlich ist es auch mit Ihrem Partner. Betrachten Sie ihn mit etwas Abstand, und Sie werden ihn mit ganz neuen Augen sehen: Vielleicht tut er wesentlich mehr, als Sie glauben? Und bitten Sie ihn ebenfalls, Sie mal aus einer anderen Perspektive anzuschauen!

Er will, dass die Kinder Chinesisch lernen!

Sich über die Erziehung der Kinder zu unterhalten, kann zwischen den Partnern eine Kluft entstehen lassen, die so tief ist wie die Katakomben von Paris. Vielleicht weil er sie zu Strebern machen will, um sie aufs Lycée Louis-le-Grand, dann auf die Sciences Po, auf die École Nationale d'Adminstration und von da direkt in den Panthéon zu schicken, während Ihnen nur daran gelegen ist, dass sie sich selbst verwirklichen und sie daher in einer Zirkusschule oder einer Kunsthochschule besser aufgehoben sind. Oder er spielt immer nur Videospiele mit seinem Sohn, obwohl etwas Nachhilfe in Trigonometrie seinem letzten Zeugnis zufolge wesentlich nötiger wäre. Kurz gesagt, Sie sind sich nicht immer einig. Das ist völlig normal. Es ist schwer, bei diesem Thema die gleiche Wellenlänge zu haben, denn es versetzt Sie beide in Ihre eigene Kindheit zurück.

Aber Sie haben keine Wahl, und sich zu zweit um die Ausbildung der Gören zu kümmern, ist nicht nur leichter, es ist auch eine Frage des Überlebens: Zwischen dem Ältesten, der sich weigert, seine Hausaufgaben zu machen, und dem Jüngsten, der Ihnen ständig aus der Grammatik vorliest ... wirft man die Flinte ins Korn? Nein, man kämpft Seite an Seite und bietet ihnen gemeinsam die Stirn. Man widerspricht sich nicht vor den pfiffigen kleinen Dingern und hört auf, sich gegenseitig zu zerfleischen, nachdem sie endlich brav im Bett liegen. Man verbündet sich gegen sie, was das Band zwischen Ihnen noch zusätzlich stärkt. Und man nutzt Paris, die Hauptstadt der Kultur, um sich gemeinsam die Zeit zu vertreiben: die neueste Ausstellung im Centre Pompidou? Perfekt, um einem Drittklässler mit Hilfe der Mobiles von Calder Geometrie zu erklären. Und erinnern Sie sich daran, dass Sie beide unterschiedliche Arten von Bildung in die Beziehung mitbringen, die sich ergänzen und nicht miteinander konkurrieren. Paris ist facettenreich, und Ihre Kinder sind es ebenfalls.

Die Goldene Regel:

Wählen Sie gemeinsam ein Familienmotto. Inspiriert von Freiheit, Gleichheit, Brüderlichkeit wären zum Beispiel Rechnen, Schreiben und gute Umgangsformen für den Anfang nicht schlecht. Um das Übrige kümmern Sie sich dann spontan (und zusammen).

Beschäftigung für die Kinder?

Folgen Sie dem Museumsführer!

Die Foto-Workshops im Maison Européenne de la Photo. Ausstellungsbesuche mit Animateuren. Les Ateliers du 12, direkt neben dem Museum, bietet für Kinder im Alter zwischen sechs und fünfzehn kleine praktische Kurse bei den Künstlern an.
57, Rue de Fourcy, 75004 Paris
reservation@mep-fr.org

Deyrolle: Ein wunderschöner Laden, bevölkert von ausgestopften Tieren, im ersten Stock findet man Löwen, Schwäne, Eisbären und Schmetterlinge … In der Buchhandlung gibt es hübsche Ausmalbücher.
46, Rue du Bac, 75007 Paris
www.deyrolle.com

Das Kino Le Luminor Hotel de Ville im Marais, ist bekannt für sein tolles Kinderfilmprogramm und das Festival »Enfances au cinéma«. 20, Rue du Temple, 75003 Paris
www.luminor-hoteldeville.com

Die Musikkurse des Club Pop der Künstlerin Constance Verluca. Hier pfeift man aufs Notenlernen. Zu einem Pop- oder Rocksong wie *ABC* oder *Get Lucky* spielen die Kinder zusammen Tamburin oder Schlagzeug wie eine echte Band.
www.leclubpop.com

Wohin kann man sie zum Essen, Brunchen oder einem kleinen Snack mitnehmen?

Das Restaurant Lo Sushi mit seinem Fließband, von dem die Kleinen sich Teller mit Maki-Sushis, Avocado- oder Krabbensalat herunternehmen können + ein Kino direkt um die Ecke auf den Champs Elysées = Erfolg garantiert!
8, Rue de Berry, 75008 Paris

Ein Essen im Ferdi, Wahnsinns-Burger, kleine Autos und anderes Spielzeug zur freien Verfügung, das lieben die Kleinen (und für die Großen gibt's Cocktails der Spitzenklasse …).
32, Rue du Mont-Thabor, 75001 Paris

Schwartz's Deli, gönnen Sie sich nach all den Burgern zur Abwechslung doch mal ein paar Original New Yorker Bagel, die mögen Kinder ebenfalls. Bleibt einem nur noch, sich für eine Filiale zu entscheiden: die in Trocadéro, Ternes oder Saint-Paul.
www.schwartzsdeli.fr

Brunch im Cafe des Techniques mit seinem tollen Büfett im Musée des Arts-et-Métiers. Danach kann man diesen einzigartigen Ort besichtigen und zum Beispiel das Foucaultsche Pendel bewundern, das Theater der Automaten und andere faszinierende Maschinen.
292, Rue Saint-Martin, 75003 Paris
www.arts-et-metiers.net

Ups! Das Au-pair sieht aus wie Léa Seydoux

Beinahe hätten Sie ihr die Tür vor der Nase zugeschlagen! Man muss zugeben, als die junge Dame – deren Geburtsjahr irgendwo um die Weltmeisterschaft von 1998 liegen dürfte –, schön wie der junge Morgen, bei Ihnen aufgekreuzt ist, haben Sie sich gefühlt wie Ihre eigene Großmutter. Unmöglich, mit so einer Lolita unter einem Dach zu leben, die Sie unablässig daran erinnert, dass Sie keine zwanzig mehr sind und sich gerade zum ersten Mal die weißen Strähnen gefärbt haben. Ganz zu schweigen davon, dass all Ihre Freundinnen Sie für übergeschnappt halten, weil Sie diese hübsche Wölfin in Ihren Schafstall lassen, und Ihnen die bekanntesten Präzedenzfälle von Skandalen in Erinnerung rufen, in die ein Kindermädchen verwickelt war: Ben Affleck, Jude Law, David Beckham ...

Und trotzdem haben Sie sie eingestellt. Denn als waschechte Pariser Prinzessin sind Sie raffiniert, großmütig und weitsichtig zugleich. Sie wissen schon jetzt, dass Sie es genießen werden, mit dieser umwerfenden Moldawierin gesehen zu werden, die sich bei jedem Ausflug gut macht, ob im Sandkasten in den Tuilerien oder am Pool auf Ibiza. Und es sendet eine deutliche Botschaft aus: Dadurch zeigen Sie, dass Sie großes Vertrauen in sich, Ihren Mann und Ihre Beziehung haben. Und so ist es nicht das freche junge Ding, das man neidisch anstarren wird, sondern Sie, die freudestrahlende junge Mutter.

Die Goldene Regel:

Angst ist ein schlechter Ratgeber. Man zeigt nicht, wenn einem das Herz in die Hose rutscht. Und natürlich tut es das auch nicht. Pariserinnen wie wir lieben Herausforderungen. Wir nehmen die Schultern zurück, lassen unseren Schlafzimmerblick noch etwas schmachtender werden, sparen nicht an Komplimenten und freundlichen Gesten. Und das machen wir so geschickt, dass die Schöne sich nicht in unseren Mann, sondern in uns verliebt!

Ich würde ihn am liebsten betrügen ...

Sie sind immer noch verrückt nach Ihrem Partner? Wunderbar. Und als echte Pariserin lassen Sie Aufreißertypen natürlich links liegen. Trotzdem, wenn Sie sehen, wie Ihre alleinstehenden (oder nicht ganz so alleinstehenden) Freundinnen eine Eroberung nach der anderen machen oder wie die von Brassens besungenen Liebespaare auf den Parkbänken knutschen, dann deprimiert Sie das zwar nicht direkt, aber der Gedanke, dass Ihr Partner vielleicht der letzte Mann ist, mit dem Sie je schlafen werden, beunruhigt Sie schon etwas. Sie erinnern sich an den Rausch der ersten Verliebtheit: der Adrenalinstoß bei jeder Begegnung, die Schmetterlinge im Bauch, die zitternden Hände, Worte wie »du bist für mich eine ständige Offenbarung«, die Napoleon vom Schlachtfeld an Marie Walewska schrieb.

Die Lösung? Entweder man stellt sich die Frage, ob er der letzte Mann ist, gar nicht erst – wer weiß schon, was morgen ist, besonders in der Liebe –, oder man erlaubt sich einen prickelnden kleinen Kick, das tut gut und schadet niemandem. Als der bärtige Traumtyp Sie auf der sonnigen Terrasse des Rosa Bonheur zu einem Drink einlädt, haben Sie Lust auf Abwechslung? Also trinken Sie ein paar Gläser Rosé mit ihm, ein kokettes Augenzwinkern hier, ein herzliches Lachen da, ein paar vielsagende Berührungen, dann beenden Sie das Ganze, indem Sie sich mit glühenden Wangen aus dem Staub machen. Und denken Sie, während Sie über die Pariser Gehsteige hüpfen, an die Worte Sacha Guitrys: »Der beste Moment ist, wenn man die Treppe hochsteigt.«

Die Goldene Regel: Man lässt sich verführen, erlaubt sich ein paar Schmetterlinge im Bauch. Ein Lächeln für den Mann, der sich fast den Hals verrenkt, als Sie an ihm vorbeigehen, ein Zwinkern für den schönen Dunkelhaarigen an der Kaffeemaschine, hier und da ein Kompliment. Egal, welcher Mann vor Ihnen steht, es geht nur um Ihr eigenes Vergnügen. Begehrenswert sein und begehrenswert bleiben: Das ist gut für den Teint und hebt die Stimmung.

So macht's die Pariserin:
FLUCTUAT, NEC MERGITUR

Wenn wir das Motto der Stadt Paris (»Sie schwankt, geht aber nicht unter«) und ihr Wappen (ein Schiff der Nautae, Flussschiffer der Antike) betrachten, bedeutet das im übertragenen Sinn, dass eine kleine Versuchung Ihre Beziehung manchmal ins Wanken bringen, sie aber nicht zerstören kann. Im Gegenteil, sie macht sie nur stärker.

Mist, ich habe ihn betrogen!

Diesmal haben Sie kein Fersengeld gegeben, sondern haben sich wie im Rausch mit dem schönen Fremden ins Bett gestürzt ...

Ohne die Moralapostel spielen zu wollen – das liegt uns Pariserinnen nicht –, sollte man Fremdgehen nach Möglichkeit vermeiden, und sei es nur, weil es so altmodisch ist. Die kleinbürgerliche Ehebrecherin, das ist so 70er, so spießig! Die Ménage à trois, wie etwa die in dem Film *César und Rosalie* von Claude Sautet, in dem Romy Schneider ihrem Ehemann schamlos ihren Liebhaber vorstellt, ist mittlerweile völlig passé. Heutzutage ist niemand mehr gezwungen, bei seinem Partner zu bleiben. Wenn man zu oft betrogen wird, geht man eben.

Aber was macht man, wenn es doch zum Seitensprung kam? Nichts. Man redet nicht mal mit seinen engsten Freunden darüber, um dem Abenteuer nicht noch mehr Realität zu geben. Aber man stellt sich die richtigen Fragen.

– Entweder, es war **ein Unfall**. Verrückt, wie manchmal eins zum anderen führt, nach der Einladung auf ein letztes Glas landet man im winzigen Zimmer eines schönen Studenten ... Man nutzt die Gelegenheit, um sich noch einmal wie in *Der Teufel im Leib* zu fühlen, und dann vergisst man es.

– Oder es war **ein Symptom** für etwas, das Sie sich nicht eingestehen wollen: Ihre Beziehung ist am Ende. Dann trennt man sich vom vorübergehenden Geliebten und vom Ehemann und fängt wieder bei null an ... sprich, bei Teil 1.

– Der letzte Fall ist der Schlimmste: Es ist **Liebe auf den ersten Blick**. In dem Fall ... wird es Ihnen erst mal richtig schlechtgehen. Aber es sollte nicht allzu lange dauern, bis Sie sich wieder richtig gut fühlen! Und dann kommen Sie zum Anfang von Teil 2 zurück.

Die Goldene Regel: Man sagt ihm zwar nicht, dass man ihn betrogen hat, aber wenn der Seitensprung ein Anzeichen für tiefer liegende Probleme war, gibt man zu: »Im Moment läuft irgendetwas falsch.« Da man selten grundlos fremdgeht, ist das eine Gelegenheit, um Bilanz zu ziehen, danach zu suchen, woran es Ihnen zu Ihrer Zufriedenheit mangelt. Und um darum zu kämpfen, das Glück wiederzufinden.

DAS WIR-REDEN-ÜBER-ALLES-KLISCHEE

Keine gute Idee! Ihrem Bankberater gegenüber können Sie völlig offen sein, wenn es unbedingt sein muss. Aber das gilt auf keinen Fall für Ihren Partner. Man gibt nicht damit an, wenn jemand mit einem flirtet, das merkt er schon von allein. Und wir ersparen ihm unsere ständig wechselnden Gemütszustände – »wir lachen gar nicht mehr zusammen ...«, wenn mal wieder die dunklen Wolken des Überdrusses über den Himmel unserer Liebe ziehen.

Ich träume von einem Häuschen in der Banlieue ...

In die Vorstadt ziehen? Höchstens, wenn sie Brooklyn heißt ... Wenn nicht, auf keinen Fall! Eine Pariserin macht keine halben Sachen. Wenn man also wirklich die Nase voll hat von den überfüllten Bahnsteigen, vom Marais, wo man nie einen Parkplatz findet, von den Grands Boulevards, auf denen es nicht ein grünes Fleckchen gibt, oder von den ultra-angesagten neuen Bistros, in denen man schon Monate im Voraus reservieren muss ... tja, dann geht man eben. Aber richtig! Von wegen Versailles, Fontenay-aux-Roses und Joinville-le-Pont. Wir verschwinden nach Marseille! Eine echte Pariserin weiß, dass man manchmal auswandern muss, damit die Rückkehr umso schöner wird: Schließlich hat Coco Chanel in Biarritz brilliert, Françoise Sagan in der Normandie gespielt, Colette im Berry geträumt ... Aber im Unterschied zu unseren berühmten Landsmänninnen lehnen wir alle Orte ab, an denen man nicht baden gehen kann ... und zwar schon ab dem 10. Januar! Also, ein Hoch auf Marseille!

Und was macht man, wenn man erst mal da ist? Man gibt seinen Job nicht auf. Man setzt auf Telearbeit und fährt von Zeit zu Zeit zurück in die Hauptstadt: Dort lässt man in der winzigen Dachwohnung in Pigalle seine Studentenzeit wieder aufleben, verbringt seine Abende mit den Freundinnen in den japanischen Restaurants in der Rue Sainte-Anne ... Und in der übrigen Zeit genießt man die südliche Sonne und das Mittelmeer: Man picknickt mit den Kindern in einer Felsenbucht. Man schmökert auf seinem Handtuch und sieht ihnen beim Spielen zu, bevor alle zusammen zum Tauchkurs gehen. Ist man dann überhaupt noch eine echte Pariserin? Ja, weil es dabei hauptsächlich um die Einstellung geht: Es ist eine Frage der Kühnheit, der Freiheit, der Abenteuerlust ... und der Neigung, sich immer wieder neu zu erfinden. Um ein paar Jahre später mit neuem Glanz zurückzukehren!

Die Goldene Regel: Sie werden nicht heimisch, Sie nehmen Paris mit!

Paris im Gepäck!

Was nimmt man mit, wenn man nach Marseille
oder woandershin zieht?

Wachskerzen von Trudon | Kissen von Caravane | Produkte der Santa Maria Novella |
die Handcreme Resurrection Aromatique von Aesop | ein Abo für Le Parisien, den man bei
einem Kaffee auf der Terrasse lesen kann (nur diesmal in der Sonne!) | Öko-Nagellack von
Kure Bazaar, falls man sonst nirgendwo den richtigen Farbton bekommt ... | eins der wunder-
schönen Notizbücher von Astier de Villatte, der edlen Keramikmanufaktur |
ein Produkt von Sisley Paris, wie die Lotion tonique aux Fleurs, für einen Hauch von
erschwinglichem Luxus.

Und vor allem:

Man geht nur in Paris **zum Friseur** | Man **verabscheut weiterhin einheitliche Looks**,
bei denen man sich zwischen Bourgeois und Bohème entscheiden muss | Man **isst spät zu
Abend**, auch in der Woche | Man **gewöhnt sich den Akzent nicht an**, oder man
übertreibt ihn!

Manchmal habe ich Angst, dass wir uns auseinanderleben

Eine lebenslange Beziehung ist eine Gleichung mit mehr Unbekannten als ein Leben voller Beziehungen mit mehreren Unbekannten. Der eingefleischte Stadtmensch ist neuerdings total verrückt nach Fliegenfischen? Der Partylöwe von einst hat sich eine komplette Rennfahrer-Ausrüstung zugelegt, aber Sie können hautengen Radlerhosen so gar nichts abgewinnen?

Keine Panik, diese Art Entfremdung hat auch etwas Gutes. Seine Leidenschaft für seinen Drahtesel wird Ihnen einen Nachmittag voll himmlischer Ruhe bescheren. So können Sie Modiano noch einmal lesen, ohne sich sein Gemurre darüber, wie grottenschlecht *Im Café der verlorenen Jugend* ist, anhören zu müssen. Gönnen Sie ihm den Spaß, und wenn er Hirn und Waden ausreichend gelüftet hat, wird er gutgelaunt zurückkehren.

Doch Vorsicht bei zu extremer Entfremdung. (Damit er nicht eines Tages mit seinem Fahrrad in Puy-en-Velay landet und dort ein Panini-Restaurant eröffnet.) Und wie verhindert man das? Zum Beispiel durch ein gemeinsames Projekt. Planen Sie zusammen eine Weltreise, investieren Sie in ein kleines Bistro, organisieren Sie eine Hilfsaktion für etwas, das Ihnen am Herzen liegt, veranstalten Sie ein großes Kostümfest. Oder vielleicht doch ein drittes Kind? Um Himmels willen! Kinder sind nie ein Mittel, um sich wieder anzunähern (obwohl sie manchmal das Ergebnis sind).

Die Goldene Regel: »Versuch nie, in der Zukunft die Vergangenheit wiederzufinden«, wie André Gide in *Die Früchte der Erde* sagt. Nur keine Nostalgie. Der größte Fehler wäre, die Nähe in Ihrer Beziehung an Ihrer Anfangszeit zu messen. Paare entwickeln sich weiter, und Sie tun es ebenfalls. Und wenn Sie weniger Dinge gemeinsam unternehmen, heißt das auch, dass das Wiedersehen umso freudiger wird. Also nehmen Sie jede Zeit, jede Kurve, jede Krise als neue, spannende Herausforderung!

So macht's die Pariserin:
DER NATIONAL-FEIERTAG

Alle Jahre wieder lässt Sie die Aussicht auf die immer gleichen Militärparaden, die Leute, die sich auf den Champs-Élysées gegen die Absperrungen drängen, und die Ballonstände ziemlich kalt. Aber wenn der 14. Juli dann da ist und die Kampfjets blau-weiß-rote Kondensstreifen am Himmel hinterlassen, die Studenten der École polytechnique in ihrer Paradeuniform aufmarschieren und das Feuerwerk beginnt ... berührt es Sie seltsamerweise doch immer wieder! Mit Ihrer Beziehung ist es ähnlich: Pflegen Sie Ihre Rituale, den Tag des Kennenlernens, den ersten Kuss, Valentinstag, Sankt-Nimmerleinstag ... erfinden Sie einfach neue Feiertage!

Ein Tag ganz für mich allein!

Lassen Sie sich im Spa des **Six Senses** verwöhnen. Dieser zwischen dem Place Vendôme und dem Jardin des Tuileries gelegene Wellness-Salon ist eine wahre Wohltat. Genießen Sie eine Kopf- oder Rückenmassagen mit Tiefenentspannungsgarantie. Dazu trinkt man Ingwertee – gesüßt mit Honig aus dem hauseigenen Bienenstock auf dem Dach – mit Blick auf eine Wand, auf die ein Video vom Pariser Himmel und den Tuilerien projiziert wird.
3, Rue de Castiglione, 75001 Paris
www.thewestinparis.com/en/sixsenses-spa

Probieren Sie **Le Bar a (Beaux) Cheveux** von Leonor Greyl aus, um in diesem Luxustempel in den Genuss eines Hairstylings der Extraklasse zu kommen. Die Öko-Chic-Produkte sind auf pflanzlicher Basis und enthalten weder Silikone noch Parabene.
15, Rue Tronchet, 75008 Paris
www.leonorgreyl.com

Schwimmen Sie in Luxus **im Schwimmbad des Ritz**, das nach zweijähriger Renovierung im neuen Gewand erstrahlt, unter anderem mit einer Wellness-Einrichtung von Chanel. Ein wunderbares Geschenk an sich selbst, in diesem Palast im Herzen von Paris ins kühle Nass zu springen.
Place Vendôme, 75001 Paris
www.ritzparis.com

Entspannen Sie bei **Lanqi Massage**. Ein authentischer, chinesischer Massagesalon, in dem niemand Französisch spricht, aber das macht es nur umso exotischer! Und die Masseurinnen verstehen ihr Handwerk, ob sie mit Schröpfgläsern Verspannungen im Rücken lindern oder beim Gua Sha mit einem Jadespatel den Energiefluss anregen. Zu durchaus erschwinglichen Preisen, an vier verschiedenen Standorten.
www.lanqi-spa.com

Stöbern Sie im **Chantelivre Ideal**, um sich auf andere Gedanken zu bringen: In dieser ganz in Holz gehaltenen Buchhandlung, die lange Zeit auf Jugendbücher spezialisiert war, kann man sich in seine Kindheit zurückversetzen lassen. Sehr lebendige Atmosphäre dank der gutgelaunten Mitarbeiter. Ein absolutes Muss!
13, Rue de Sèvres, 75006 Paris
www.chantelivre.com

Träumen Sie im **Musee de l'Orangerie** im Jardin des Tuileries, nach einer heißen Schokolade im Angelina, und bestaunen Sie wieder einmal die Räume mit Monets Seerosen.
Jardin des Tuileries, 75001 Paris
www.musee-orangerie.fr

Ihnen ist poetisch zumute? Sehen Sie sich einen Stummfilm mit Klavierbegleitung an, in der **Fondation Jerome Seydoux Pathe**, diesem Meisterwerk der modernen Architektur.
73, Avenue des Gobelins, 75013 Paris
www.fondation-jeromeseydoux-pathe.com

Nehmen Sie einen Zug nach Brüssel, London oder Bordeaux, und machen Sie sich einen ganz besonderen Tag.

Gehen Sie offline im **Seymour**, einer Oase der Ruhe mitten in Paris, in der man sein Handy am Eingang abgibt, im Wintergarten vor sich hin sinniert oder, auf ein Lammfell gekuschelt, einfach nur faulenzt.
41, Boulevard Magenta, 75010 Paris

Es ist schrecklich, warum hört er nie auf mich?

»Willst du nicht mal was anderes anziehen als den alten, grauen Kapuzenpulli?«, sagen Sie, aber er zieht ihn immer noch fast jeden Tag an. »Wann bist du wieder da?«, sagen Sie, und er sieht Sie an, als wären Sie seine Mutter, und ignoriert Sie ... Und das bringt Sie auf die Palme, denn der Babysitterin müsste er ja auch eine genaue Antwort geben. Wie kriegen wir es hin, dass er nach unserer Pfeife tanzt, ohne uns in komplette Furien zu verwandeln – schließlich muss man sich ja irgendwie absprechen?

Es liegt nicht in Ihrer Natur, die strenge Polizistin zu spielen. Für den Anfang schlagen Sie sich bei der Zeitplanung allein durch ... auch auf die Gefahr hin, dass Sie seine Mutter bitten müssen, auf die Kinder aufzupassen, um ihm ein schlechtes Gewissen zu machen. Vertrauen Sie ihm, er weiß, dass Sie ihn nicht ausfragen, um ihn zu überwachen, sondern damit das Familienleben reibungslos abläuft. Er wird Ihrem Wunsch schon noch entsprechen, aber auf seine Art und indem er Ihnen demonstriert, dass er auch ein Wörtchen mitzureden hat.

Je weniger Sie ihn bedrängen, desto mehr hat er den Eindruck, selbst entscheiden zu können, und umso eher wird er Ihnen helfen. Also halten Sie sich zurück, und beschäftigen Sie sich mit etwas anderem. Weniger Streit bedeutet mehr Zeit für die Liebe: einen ganzen Nachmittag, um im Jardin du Luxembourg in Zeitschriften zu blättern oder gemeinsam seinen Pullover-Vorrat in den kleinen Geschäften im Marais aufzustocken ... davon haben alle etwas!

Die Goldene Regel: Man tut das genaue Gegenteil von dem, was Brigitte Bardot in einer Szene von *Die Pariserin* macht: »Beeilen Sie sich, Monsieur, ich laufe dem Mann hinterher, den ich liebe«, sagt sie. »Laufen Sie nie einem Mann hinterher, das ist der schnellste Weg, ihn zu verlieren« – »Ich weiß, aber es ist stärker als ich!« Sie kennen das berühmte Gesetz der Anziehung: »Folge mir und ich fliehe vor dir, fliehe vor mir und ich folge dir.« Was zu Beginn der Beziehung funktioniert, behält auch im Alltag seine Gültigkeit: Lassen Sie einfach los – bald kommt er wieder angelaufen.

DAS HOSEN-KLISCHEE

In der Liebe muss es immer einen geben, der die Hosen anhat: Der eine befiehlt, der andere gehorcht. Richtig? Falsch! Damit eine Beziehung funktioniert, müssen beide Partner die meiste Zeit das Gefühl haben, dass sie die Oberhand haben. Das ist das Geheimnis der Egalität.

Er träumt davon, dass ich mir die Brüste vergrößern lasse!

»Die Frau heiratet in der Hoffnung, dass ihr Mann sich ändert, doch er tut es nicht. Der Mann heiratet in der Hoffnung, dass seine Frau sich nie ändert ... doch sie tut es!«, wie eine Redensart besagt. Und Ihrer besseren Hälfte spuken plötzlich Fantasien von der schönen Italienerin im Kopf herum, Sophia Loren, Monica Bellucci oder Gina Lollobrigida in aufreizender weißer Korsage. Männer sind ziemlich leicht zu durchschauen, und Sie können in vorauseilendem Gehorsam einen Termin beim Schönheitschirurgen vereinbaren, um sich über die Möglichkeiten einer Vergrößerung auf 75 D zu informieren. Sie sind aufgeregt – insgeheim haben auch Sie manchmal davon geträumt – und stellen sich vor, wie Sie am Strand von Korsika liegen und Ihre neuen Brüste aufragen wie der Invalidendom ... ohne das Grab von Napoleon, natürlich. Zum Glück schlagen Sie sich diese Dummheit schnell wieder aus dem Kopf, denn so unansehnlich ist Ihre Oberweite doch gar nicht! Pariserinnen haben Frauen wie Françoise Hardy oder Zazie in den Genen, die in ihren Chansons selbstbewusst für sich in Anspruch nehmen: »Je suis d'ascendance sole meunière« – ich stamme vom Plattfisch ab. Kleine Brüste sind sexy, am besten nackt unter einem Kostüm von Yves Saint Laurent. Also lehnt man ab, weil man sich so mag, wie man ist.

Aber als Königin der Verführung hören Sie natürlich auch den Wunsch hinter der Bitte: »Ich liebe dich noch, ich begehre dich noch, aber ich habe Lust auf ein bisschen Abwechslung.« Da Sie tabulos sind, schlagen Sie ihm einen flotten Dreier mit einem Callgirl (oder -boy?) vor oder eine Nacht im Swingerclub Les Chandelles, oder Sie überraschen ihn mit Einkäufen aus Le Passage du Désir, einem Erotikladen ... Er will mehr Abwechslung? Die kann er haben!

Die Goldene Regel: Man nimmt es nicht persönlich, sondern versucht herauszufinden, was er wirklich will. Die Lösung? Statt Ihren Körper zu optimieren, erkunden Sie gemeinsam Orte, an denen Sie beide noch nie waren.

Unwiderstehliche Dessous für kleine Brüste

YSE: Eine Dessous-Marke, die kleine Brüste optimal zur Geltung bringt, mit verheißungsvollen Namen wie »Une allée du Luxembourg« oder »Soleils transparents«. www.yse-lingerie.com/fr

Eres: Transparente Spitze und edel geformten Cups, die man trägt wie ein Schmuckstück. www.boutique.eresparis.com

l'Agent Provocateur: Mega-sexy Triangel-BHs. www.agentprovocateur.com

Princesse Tam Tam: Bandeaux-BHs aus Spitze und Lurex. www.princessetamtam.com

Er wird George Clooney immer ähnlicher!

Als uns schon die dritte Freundin zuflüstert: »Dein Mann sieht mit den Jahren immer besser aus«, werden wir hellhörig. Wir sind auf der Hut. Es stimmt, dass er gut gealtert ist, mit dem Bart, der ihn jünger macht, und den ergrauenden Schläfen. Und was ist mit uns? Selbst wenn wir dank jenes wundersamen »Null-Kilo«-Gens der Pariserinnen der Gewichtszunahme entgangen sind (na ja, zumindest fast), haben Sie den Eindruck, dass die Zeit nicht für jeden arbeitet, denn während er George Clooney immer ähnlicher wird, tendieren Sie mehr in Richtung Simone Signoret, aber eher aus der Zeit von *Du hast das Leben noch vor dir* als von *Goldhelm!*

Lassen Sie sich nicht beirren! Altern findet hauptsächlich im Kopf statt. Und die Pariserin hat einen klugen Kopf auf den Schultern. Weder überlassen wir den Männern das Charme-Monopol, noch versuchen wir auf Teufel komm raus jung zu bleiben, wie Diane de Poitiers, die, um dem zwanzig Jahre jüngeren Heinrich dem II. zu gefallen, reines Gold zu sich nahm, das als Quell ewiger Jugend galt. Sie starb an einer Goldvergiftung. Eifern Sie lieber Romy Schneider nach, die in *Swimming Pool* so viel verführerischer ist als die blutjunge Jane Birkin. Die Pariserin wird, wie guter Wein, mit den Jahren immer besser.

Ihr Geheimrezept? Sie setzt eher auf Natürlichkeit als auf Make-up. Elegante Frauen wie Inès de la Fressange sind der beste Beweis: Je weniger Anti-Aging-Kunstgriffe, desto mehr echter Verve! Was wirklich zählt, ist vor allem die Haltung, das Selbstbewusstsein, das man sich im Laufe der Jahre erwirbt, dieses gewisse, königliche Etwas, das alle Blicke auf sich zieht ... Besonders jetzt, wo wir am Arm von George Clooney unterwegs sind!

Die Goldene Regel:

Neid ist ein Fremdwort für uns! Natürlich freut man sich, dass man einen so schönen Mann hat, aber man tut die Dinge nicht für ihn, sondern für sich selbst. Gut möglich, dass er die kleine Botox-Behandlung (falls Ihnen der Sinn danach steht) nicht einmal bemerkt! Man macht sich nur für sich selbst schön. Entscheiden Sie sich für einen Look, in dem Sie sich gefallen, dann gefallen Sie auch anderen.

Gute Looks ab vierzig

Mit vierzig wissen wir, was uns steht, und können das, was uns gefällt,
geschickt in Szene setzen. Unsere Garderobe umfasst das Beste aus allen
Altersstufen sowie Basics für jeden Tag.

Eine weite Männer-
Strickjacke aus
Kaschmir.

Ein marineblauer
Pullover mit
V-Ausschnitt, der zu
allem passt.

Opas Macintosh von
Burberry.

Das kleine Schwarze,
das man überall
tragen kann.

Ein eleganter
Smoking-Blazer.

Ultrasexy High Heels.

Eine Herrenuhr.

Eine Jeans in
Dark Blue.

Halblange Haare.

Eine Lederjacke.

Ein Leder-Minirock.

Eine weiße Bluse,
eine Jeansbluse, eine
gestreifte Bluse im
Marinelook …

Weiße T-Shirts (von
Isabel Marant oder
Majestic Filatures).

Ein schönes bretoni-
sches Matrosenshirt.

Derbys.

Stiefeletten von
Margiela.

Ich habe die Nase voll von ihm – nur heute Abend oder für immer?

»Atmosphäre, Atmosphäre, sehe ich etwa so aus wie 'ne Atmosphäre?«, echauffiert sich Arletty über Louis Jouvet in dem Film *Hôtel du Nord,* als der ihr am Canal Saint-Martin eröffnet, er brauche eine andere Atmosphäre, sprich, eine Auszeit von ihr. »Gefällt dir unser Leben etwa?« – »Muss wohl, ich hab mich dran gewöhnt.« – Ganz reizend! Na ja, manchmal können Sie dieses Gefühl durchaus nachvollziehen. Er geht Ihnen ohne Grund auf den Geist. Langweilt Sie, nimmt Ihnen die Luft zum Atmen. Seine Geschichten über die Arbeit öden Sie an, und wenn er Ihnen über den Rücken streicht, sind Sie einfach nur genervt. Und was, wenn Sie wirklich genug von ihm haben?

Die Versuchung? Das Restaurant zu wechseln und sich einen anderen Koch zu suchen, der sich um Ihr leibliches Wohl kümmert. Aber das ist eine ganz schlechte Idee. Alles, was Sie brauchen, ist eine kleine Diät. Wie? Suchen Sie das Weite: Unternehmen Sie einen Kurztrip nach London mit einer alten Freundin, gehen Sie mit Ihrem Ex, der zu Ihrem Vertrauten geworden ist, etwas trinken, lassen Sie sich den Wind um die Nase wehen, Hauptsache Sie sind fern der heimatlichen Gefilde … und fern von ihm. Nach dem Mini-Urlaub wird er Ihnen garantiert fehlen.

Die Goldene Regel: Wenn man genervt ist, hat es keinen Zweck, sich zu irgendetwas zu zwingen. Man geht aus, schnappt frische Luft. Aber wenn Sie ihm zu verstehen geben wollen, dass es nur vorübergehend ist und Sie immer noch verrückt nach ihm sind, posten Sie ein Bild auf Instagram mit einem Hinweis, den nur er versteht: ein Ort, ein Zitat, ein Lied … Und alles ist im Lot.

So macht's die Pariserin:
DER KIRCHPLATZ VOR NOTRE-DAME

Im Zentrum dieser riesigen Esplanade findet man im Schatten der Kirchtürme eine Bronzeplatte mit dem Bild einer Windrose. Dies ist der Kilometer null der französischen Straßen, der Nabel von Paris. Von dort aus kann man sich entscheiden, ob man nach Calais will, nach Menton oder Hendaye. Wenn Sie den Eindruck haben, Ihre Beziehung habe die Orientierung verloren, suchen Sie nach Ihrem Punkt null, und gehen zu den Anfängen Ihrer Liebesgeschichte zurück: Was hat Sie damals an ihm so magisch angezogen? Warum haben Sie sich für ihn entschieden? Eine hilfreiche Methode für schwierige Momente.

Wir haben so viel um die Ohren, dass wir nicht mal Zeit haben, uns anzuschreien!

Auch Paare in Langzeitbeziehungen finden Mittel und Wege, sich in die Haare zu kriegen ... Aber echte, hitzige Wortgefechte wie die zwischen frisch Verliebten? Wie will man so etwas zwischen dem Theaterbesuch mit den Kindern und dem Familienbrunch unterbringen? Streit ist ein Luxus für junge Paare, die noch die Muße dafür haben. Oder für Prominente: Nur jemand wie Godard, der leidenschaftlich in Anna Karina verliebt war, konnte sich nach einer Krise die eigenen Kleider zerfetzen, um sich abzureagieren, ohne ihr weh zu tun!

Wann also streitet man sich? Man verabredet sich zum Frühstück. Das berühmte »Wir müssen reden«. Man sucht sich einen neutralen Ort, eine ruhige Ecke im ersten Stock des Les Deux Magots und packt das Übel bei der Wurzel. Zu wissen, wie man sich richtig streitet, ist überlebenswichtig, denn es ist die Basis für einen Dialog. Sich auszusprechen, statt den Frust in sich hineinzufressen, baut Druck ab. Sie werden sehen, das Wunderbare an Pariser Cafés ist, wenn Sie zehn Minuten mit dem heiklen Konflikt verbracht haben, werden Sie das Thema wechseln. Praktisch ohne es zu merken. Denn im Grunde haben Sie sich immer noch unglaublich viel zu sagen, und Sie haben gerade die richtigen Bedingungen geschaffen, um sich mal wieder in aller Ruhe zu unterhalten. Was Ihnen gefehlt hat, war keine Aussprache, sondern ein Gespräch unter vier Augen, ein gestohlener Moment, der alle Zweifel wert war.

Die Goldene Regel: Man geht nie wütend ins Bett oder auseinander. Und man sucht sich seine Schlachten aus: Zanken Sie sich die ganze Nacht wegen der Schulreform oder der Fernsehübertragung der Beerdigung von Céline Dions Ehemann ... Pariser finden immer einen Grund. Aber streiten Sie keinesfalls über einen abgelaufenen Ausweis oder darüber, wer den Kindern ihre Nudeln kocht.

DAS LEIDENSCHAFTS-KLISCHEE

Leidenschaft heißt, sich ständig zu fetzen! Ja, am Anfang geht es hoch her, weil man sich erst aufeinander einstellen muss. Und ja, auch wenn man Krisen überwinden muss, wie damals, als er spontan entschieden hat, mit Kumpels an einem Wochenende den Mont-Blanc zu besteigen. Aber behalten Sie im Hinterkopf, dass es im Alltag die Gelassenheit ist, die wahre Liebe ausmacht!

Wer macht den ersten Schritt zur Versöhnung?

Es ist drei Stunden oder drei Tage her, dass wir uns gehörig die Meinung gesagt haben, ziemlich sauer geworden sind und seitdem kein Wort mehr miteinander gesprochen haben. Jeder sitzt mit verschränkten Armen in seiner Ecke, wie Gutemine und Majestix nach einem Streit darüber, ob der Fisch noch frisch war. Trotzdem: »Das Schönste an einem Streit ist die Versöhnung«, wie Perdican zu seiner Liebsten Camille in *Man spielt nicht mit der Liebe* sagt. Und damit hat Alfred de Musset, der Verfasser des Stücks, vollkommen recht.

Das gehört zum größten Glück in Langzeitbeziehungen: Auch wenn man sich noch genauso oft streitet wie am Anfang, findet man tausendmal leichter und schneller aus der Krise heraus. Genau wie im Bett. Man kennt sich so gut, dass man genau weiß, welche Register man ziehen muss, denn man hat die Gebrauchsanweisung fürs Nirvana. Also: So wie Sie sich nicht scheuen, über ihn herzufallen, wenn die Lust Sie überkommt, seien Sie auch stolz darauf, den ersten Schritt zur Versöhnung zu machen. Es ist ein Zeichen von Coolness, zu wissen, wann man seinen Stolz hinunterschlucken muss. Außerdem verschafft es einem einen Riesenvorteil gegenüber der beleidigten Leberwurst! Letztlich hat jeder seine eigene Taktik: ein verstohlener Blick, um den anderen zum Lachen zu bringen, eine heiße SMS, während er im selben Zimmer ist ... Oder noch besser: im Schweigen zu verharren und stattdessen Ihren Körper sprechen zu lassen, indem Sie sich plötzlich an ihn pressen. Man sagt nichts und doch gleichzeitig alles.

Die Goldene Regel:

Denken Sie daran, dass jedes Donnerwetter auch den Keim zur Versöhnung in sich trägt. Sich nichts mehr vorzuwerfen haben, heißt, nichts mehr zu hoffen und nichts mehr zu lieben zu haben. Und wenn wirklich dicke Luft herrscht? Setzen Sie auf Humor. Besser noch: Imitation. Machen sie ihn nach, aber auf lustige Art. Ihre Karikatur davon, wie er mit säuerlicher Miene auf dem Sofa sitzt, ist natürlich schlecht, Sie sind ja nicht Florence Foresti, aber sie wird seinen Eispanzer schon knacken. Bravo!

Wie schaffe ich es, ihn nach all den gemeinsamen Nächten noch zu begehren?

Das ist die große Frage, die alle Singles und frisch Verliebten umtreibt ... Aber Sie doch nicht! Sie wissen schließlich, dass es reicht, sich von folgenden Worten aus *Gefährliche Liebschaften* von Choderlos de Laclos inspirieren zu lassen, die die Vorstellungskraft beflügeln: »Nach dem Souper spielte ich abwechselnd das Kind und die vernünftige Frau, war bald übermütig, bald empfindsam, manchmal sogar ausschweifend – es machte mir Spaß, ihn wie einen Sultan in seinem Harem zu nehmen, indem ich die verschiedenen Favoritinnen spielte.« So können Sie Ihre verschiedenen Seiten ausleben – beziehungsweise auslieben.

Nehmen Sie sich dabei Zeit ... Ihr Terminkalender ist natürlich wesentlich voller als der der sardonischen Marquise de Merteuil oder des zynischen Vicomte de Valmont, heutzutage muss man schon etwas mehr Mühe aufwenden, um nach einem Arbeitstag, den Hausaufgaben der Kinder und seinem Savate-Boxe-Française-Training noch daran zu denken, im Bett auf seine Kosten zu kommen. Aber man muss alles versuchen: im Morgengrauen aufwachen und statt wieder einzuschlafen, die frühe Stunde zu nutzen, oder den Fahrstuhl zwischen zwei Etagen anhalten ... Jede Gelegenheit ist günstig, um die Glut wieder anzufachen.

Und bei Bedarf verleiht man dem Ganzen Würze, indem man Bücher kauft, neue Rezepte und neue Techniken ausprobiert, seine Vorstellungskraft nährt, um sich allein in Stimmung zu bringen ...! In Paris ist das ein Kinderspiel, es genügt ja schon, sich die kleinen Watteaus im Louvre anzusehen, schon ist der Funke wieder da: Kaum sehen Sie ihn auf der anderen Seite des Tisches, schon haben Sie Lust, ihn zu vernaschen oder Ihre Serviette unter den Tisch fallen zu lassen ...

Die Goldene Regel: Nie mehr als vierzehn Tage ohne Sex!

(Ungebetene) Gäste, die man in sein Bett lassen sollte

Wir haben alle viel Fantasie ... aber falls es Ihnen
doch mal an Ideen mangelt, hier ein paar Tipps:

Eine Flasche **Sprühsahne**

Eine **Krawatte**, um ihm die Augen zu
verbinden

Ein **Nachbar**, der Sie von weitem
beobachtet (aber nur, wenn Sie
im Urlaub sind, nicht der,
der Ihnen jeden Morgen
im Treppenhaus über
den Weg läuft!)

Ein **Fremder**, der
Ihnen auf Anhieb
gefallen hat und der
in den frühen Morgen-
stunden wieder geht

Eine **Fremde**, die Ihnen auf Anhieb
gefallen hat und die noch früher wieder
geht

Kamasutra, zum Anschauen und
Ausprobieren ...

Ein **Fotoapparat** oder sein Handy

Die Geschichte der O oder irgendein anderes
erotisches Buch, das Ihre Leidenschaft
entflammt

Eine **Verkleidung** mit Handschellen, oder
ein Dienstmädchen- oder Wonder-Woman-
Kostüm ...

Ein **Mini-Anlage**, auf der man wie
zwei Teenies eine »Love«-Playlist
in Dauerschleife laufen lässt:
Sébastien Tellier, Kavinsky,
Phoenix, Daft Punk, *La Fièvre*
von NTM und sogar Michel
Delpechs *Tu me fais planer*

Ich werde immer mehr zu seiner Mutter!

Es ist jedes Wochenende das Gleiche. Sie drängen ihn, einen Babysitter zu besorgen (ach, diese unbändige Lust, die Freunde wiederzusehen, sobald es Freitag ist), fordern ihn auf, zum Friseur zu gehen (geht gar nicht mehr, diese Rockabilly-Tolle) und schicken ihn zum Gemüsehändler, aber nicht zu irgendeinem, sondern zu dem Spezialisten mit den nachhaltig angebauten bretonischen Tomaten. Er hingegen zieht sich mit der neuesten Ausgabe von Les Inrockuptibles zurück und wartet, bis der Sturm vorüber ist. Sie hatten die besten Vorsätze, aber jetzt fürchten Sie das Schlimmste: dass Sie zu seiner Mutter geworden sind. Seien Sie sich darüber im Klaren, dass das eine brenzlige Angelegenheit ist, denn wer will schon mit seiner eigenen Mutter ins Bett?

Um hier das Ruder herumzureißen, haben Sie drei Möglichkeiten. Erstens, fragen Sie sich, was wirklich wichtig ist. (Werden Sie auf dem Sterbebett immer noch so großen Wert auf nachhaltig angebaute Tomaten legen?) Lassen Sie ein, zwei Dinge unter den Tisch fallen und schlagen Sie vor, ihm bei wirklich notwendigen Dingen (wie dem Babysitter!) zu helfen. Zweitens, übergeben Sie ihm die Verantwortung. Er ist ein miserabler Koch, liebt es aber, im libanesischen Feinkostladen einzukaufen? Soll er diesmal das Essen organisieren, lassen Sie ihn machen, anstatt alles zu kommentieren. Drittens, ganz wichtig: Der Ton macht die Musik. Man kann alles ansprechen und erreichen, vorausgesetzt, man spickt seine Anweisungen immer wieder mit »Mein über alles geliebter Schatz, es wäre unglaublich lieb von dir, wenn du ...«. Und schwuppdiwupp, schon sind sie weg, die Mutter, die Schwiegermutter oder auch die Mutter Oberin!

Die Goldene Regel: Nehmen Sie den Druck raus, damit rechnet er nicht. Er erwartet, eine wilde Tigerin zähmen zu müssen? Seien Sie sanft wie ein Kätzchen, zärtlich, verspielt und fröhlich, und organisieren Sie die Aufgaben fürs Wochenende mit leichter Hand ... und schon bald wird er Ihnen aus der Hand fressen und vorschlagen, dass Sie sich eine Auszeit in Ihrem Lieblings-Wellness-Tempel, dem Six Senses, gönnen (vgl. Seite 157).

DAS MAMA-KLISCHEE

Männer wollen bemuttert werden? Das kommt ganz darauf an, wie! Anstatt ihn zu ermahnen, sich einen Pullover überzuziehen – er kann ein Thermometer lesen –, kümmern Sie sich um ihn, wenn er mit einer fiesen Grippe ans Bett gefesselt ist: ein heißes Bad und ein Grog, der des Chefbarkeepers im Hemingway würdig ist, der legendären Bar des Ritz. Mama nein danke, Geisha ja bitte! Das macht auch wesentlich mehr Spaß!

Adressen für die ganze Familie: Der Coolness-Trumpf, um Stress abzubauen

Für Spaziergänge:

L'Auberge du Bonheur im Bois de Boulogne, wegen ihres schönen Namens und um Melone unter den Linden zu knabbern, die Füße im Kies ...
Bois de Boulogne, Allée de Longchamp, 75016 Paris

Ein Picknick im Jardin du Luxembourg: Auf den schmiedeeisernen Stühlen nascht man Kirschtomaten, die Füße im prächtigen Medici-Brunnen.

Ein Mittagessen in Auvers-sur-Oise, der Wahlheimat der Impressionisten. Viele kleine Gaststätten, in denen man Crêpes genießen kann.

Das Restaurant L'Île, auf der Île Saint-Germain mit seinem Stilmix aus Second Empire und Moderne, für eine Mahlzeit mitten in der Natur, wo die Kinder herumtollen und Ponys reiten, und die Eltern sich in die Sonne legen können.

170, Quai de Stalingrad, 92130 Issy-les-Moulineaux
www.restaurant-lile.com

Das Restaurant Les Magnolias, im Parc floral, mit seiner herrlichen Aussicht auf eine schier unendliche Vielfalt von Blumen, seinem Gemüsegarten, seinem Duftgarten ...
Parc floral, Route de la Pyramide, 75012 Paris
www.restaurant-lesmagnolias-paris.com

Für Nerds:

Lust auf eine Tarte Tropézienne, Éclairs oder libanesisches Street-Food? Mit der App Toktoktok kann man sich unter vielen verschiedenen Adressen entscheiden, sich Essen liefern lassen.
www.toktoktok.com

Die App Deliveroo bietet den gleichen Lieferservice, aber speziell für Paris.

Er träumt davon,
DJ zu werden …

Oder von einem Michelin-Stern? Wunderbar, ermutigen Sie ihn! Schließlich stand er ja auch voll hinter Ihnen, als Sie beschlossen hatten, die neue Beyoncé zu werden (wenn auch nur als Schnapsidee an Silvester). Oder Ihr Studium an der Sorbonne in Bildender Kunst wieder aufzunehmen. Anstatt ihn dafür zu verurteilen, begeistern Sie sich mit ihm dafür.

Besser noch: Spielen Sie die Muse. Lassen Sie sich von Sofia Coppola und Thomas Mars, dem Sänger der Indie-Pop-Band Phoenix, inspirieren. Sie führt bei Filmen Regie, und er komponiert die Musik dazu in gemeinschaftlichem Wetteifer. Wenn Ihr Mann also seinen Jugendtraum verwirklichen will, obwohl er seit zwanzig Jahren Anwalt ist, wo liegt das Problem? Wenn er davon träumt, Chefkoch des Restaurants La Tour d'Argent zu werden, die Hände in einer nach Geheimrezept zubereiteten Blutenten-Sauce zu baden, umso besser, dann kann er Ihnen schöne kleine Gerichte ganz nach Ihrem Geschmack zaubern. Oder schlummert in ihm etwa der neue Martin Solveig? Dann macht er Sie vielleicht zur Königin des Pacha Club oder des Le Madam … und während Sie auf den großen Tag warten, kann er auf den Partys Ihrer Freunde scratchen und überblenden. Wenn Sie sich nicht als Groupie sehen, werden Sie seine Agentin und stellen Sie einem befreundeten Producer seine Musikarrangements vor. Selbst wenn er nur drei CDs verkauft, haben Sie zumindest gemeinsam die Langeweile bekämpft, die sich nach zwei Jahrzehnten Eheleben einschleichen kann. Man ermutigt jede neue Berufung … es sei denn, er will Mönch werden.

Die Goldene Regel:

Es kommt nicht in Frage, ihm die Flügel zu stutzen. Und seine Kreativität wird Ihnen imponieren. Seien Sie zu allem bereit, dann blüht er richtig auf. Wenn er allerdings nach Hollywood ziehen und der neue Leonardo DiCaprio werden will, diskutiert man das vorher aus … Fantasie, ja, Fantast, nein!

Ist es seltsam, dass ich unser Leben immer noch durch die rosarote Brille sehe?

Pariser sind ja bekanntlich schreckliche Nörgler. Genau genommen ist das Ihr größter Fehler: ein snobistischer Pessimismus, der ans Unerträgliche grenzt. Deshalb schämen Sie sich fast für Ihre glückliche Beziehung. Vergessen Sie das mal ganz schnell wieder! Freude muss man annehmen können. Glück ist nichts, was einem peinlich sein müsste. Denken Sie an Esméralda, die schöne Zigeunerin aus Victor Hugos *Der Glöckner von Notre-Dame*, die auf dem Vorplatz von Notre-Dame tanzt. Oder an die Piaf, die ihrer großen Liebe Marcel Cerdan in *La Vie en rose* »Heureux, heureux à en mourir« – glücklich, zum Sterben glücklich – zusäuselte. Nehmen Sie sich daran ein Beispiel! Lächeln, Enthusiasmus und Fröhlichkeit zu seiner Religion zu machen, ist umso nützlicher, wenn man zu zweit ist. Denn zu zweit zählt alles doppelt, einschließlich der Geschlechtskrankheiten ...

Und wenn Sie sich lächerlich vorkommen mit Ihrer unverhältnismäßigen Begeisterung für den Minigemüsegarten, den er auf Ihrem Balkon angelegt hat, oder die alte Bibliothèque-de-la-Pléiade-Ausgabe, die er für Sie bei einem Bouquinisten aufgetrieben hat – was soll's? Pflegen Sie diesen Sinn für Heiteres, verbinden Sie weiterhin Humor und Amore. Spaß ist das Lebenselixier der Liebe. Ein Witzchen hier, ein verschwörerisches Lächeln da, ein Lachkrampf, und schwupp, weg sind die dunklen Wolken am Horizont. Dieses eine Mal dürfen Sie Paris und seinen Zynismus getrost vergessen und sich für Frankreich und seine wunderbare »joie de vivre« – seine Lebensfreude – entscheiden, die Sie, wenn Sie völlig kaputt nach Hause kommen, das Glas durch die rosarote Brille halb voll sehen lässt und Ihnen ein Lächeln auf die Lippen zaubert. Ist das etwa lächerlich? Nein, das haben Sie sich verdient!

Die Goldene Regel:

Wir klauen den Amerikanerinnen ihr Mantra »Fake it until you make it«: Tu so, als ob, bis es Wirklichkeit wird. Und von Salma Hayek, Pariserin ehrenhalber, die geniale Gewohnheit, sich jeden Morgen einen schönen Tag zu wünschen und jeden Abend bei sich selbst zu bedanken! Dadurch, dass Sie an das Glück glauben, stellt es sich in Ihrem Leben ein.

Strategie mag ja am Anfang einer Beziehung ganz nützlich sein ... Aber jetzt?

Theater zu spielen, um zu bekommen, was man will, nicht anzurufen, damit er es tut ... Strategie, so glauben Sie, ist nur etwas für junge Ränkeschmiedinnen, Sie dagegen haben das nicht mehr nötig. Sind die letzten 115 Kapitel etwa an Ihnen vorbeigeflossen wie das Wasser unter den Brücken der Seine? Schlagen Sie noch einmal die Seite 46 auf: »Strategie? Ja, aber im strategisch günstigen Moment«. Eine goldene Regel, die Sie sich auf Ihren Lippenstift kleben sollten.

Selbst wenn Sie stolz sind auf Ihre gemeinsamen unvergesslichen Erlebnisse, gespickt mit Kindern, Freunden, Liebeswochenenden oder längeren Reisen, Einkaufstrips (Verzeihung, wir sind abgeschweift) ... Man ruht sich nicht auf seinen Lorbeeren aus, sondern spielt weiterhin hier und da den Mazarin der Liebe. Beispiel: Sie fahren beruflich nach Cannes. Aber Sie liegen natürlich nicht in Ihrem Ibis-Zimmer auf dem Bett (im Grand Hyatt Cannes Hôtel Martinez macht während des Festivals niemand ein Auge zu) und starren Ihre Ballkleider an, Sie feiern die Nacht durch. Aber Ihrem Schatz werden Sie erzählen, dass Sie (fast) wie Aschenputtel leben und zwei Stunden nach Mitternacht im Bett waren. Was bringt es schon, ihm lang und breit von den sexy Gästen auf der Jacht von Jay-Z vorzuschwärmen? Und wenn er mit zehn feierwütigen Freunden in den Skiurlaub fährt, dann hat es keinen Zweck, ihm vorzuheulen, dass Sie ganz allein mit Ihrer depressiven Cousine in der Metro-Station Porte de Champerret herumhängen; erfinden Sie einen spektakulären anderen Ort und aufregende Gäste! Es ist sinnlos, Mitleid erregen zu wollen ... Ihm manchmal das vollkommene Glück vorzuspielen, heißt, das Drehbuch für den echten Film Ihres Lebens selbst zu schreiben.

Die Goldene Regel:

Bei Strategien in Langzeitbeziehungen geht es nicht mehr darum, ihm den Kopf zu verdrehen – darüber sind wir hinaus! –, sondern ihn weiterhin zum Träumen zu bringen. Also beschönigen Sie die kleinen Dinge, und schmücken Sie die großen noch aus: Dabei gewinnen alle, Ihre Beziehung am allermeisten. Und wenn es nötig ist, greift man zu den alten Tricks: Er schaut Sie nicht mehr so oft an? Lassen Sie sich von einem anderen verführen ...

Er ist plötzlich ein Meister des Kamasutra ... Betrügt er mich?

Ein heißer Abend zu zweit, das Vorspiel ist in vollem Gange, da bittet er Sie plötzlich, sich umzudrehen, damit Sie eine neue Stellung ausprobieren können: Er stellt den Fuß auf Ihrer Hüfte, Sie Ihr Bein auf seinen Nacken, und voilà, die »Umarmung des Panda«! Etwas noch nie Dagewesenes, trotz diverser Runden Horizontalmambo! Was ist in ihn gefahren? Wenn er den Nachmittag nicht im letzten Pornokino von Paris verbracht hat, dem nur einen Katzensprung vom Le Grand Rex entfernten Beverley, oder eine Nacht auf YouPorn, heißt das, dass da etwas im Busch ist? Hat er eine Geliebte?

Geraten Sie nicht gleich in Panik: Entweder, wir entdecken in der familiären Cloud eine anzügliche Nachricht, die unsere schlimmsten Befürchtungen bestätigt, dann ziehen wir ihn für seine Lügen zur Rechenschaft und machen ihm die Art Szene, die wir uns für die ganz schweren Fälle aufgehoben haben ...

Oder er hatte einfach Lust darauf, etwas Neues auszuprobieren, etwas Abwechslung in unseren Alltag zu bringen – und hat dabei auf Recherchemethoden zurückgegriffen, über die wir lieber nicht zu viel wissen wollen. Das aber ist noch lange kein Grund, ihn auf den Place de Grève zu schleifen und ihm den Kopf abzureißen!

Die Goldene Regel:

Keine unangemessene Eifersucht. Die hat bekanntlich mehr mit Eigenliebe als mit Liebe zum Partner zu tun. Wir gehen nicht davon aus, dass er mit einer anderen geübt hat, sondern davon, dass er uns immer noch überraschen will: Je besser man sich kennt, umso mehr Vertrauen hat man zueinander und umso leichter kann man sich auch bei den gewagtesten Dingen hingeben. Man nutzt diese Einladung zu einer Entdeckungsreise, schamlos und sinnlich!

Glück nur zu zweit?

Und wenn man keine Kinder hat? Schließlich gab es viele berühmte Liebesbeziehungen, die ohne Elternschaft ausgekommen sind. So wie die von George Sand und Alexandre, ihre letzte große und schönste Liebe, die zwölf Jahre zusammenlebten, ohne dass ein Kind ihre Leidenschaft gekrönt hätte. Sand war schon zu alt, aber das hat die beiden nicht davon abgehalten, sich zu lieben!

Wenn man es recht bedenkt, lebt man zu zweit ja sowieso schon zu dritt! Aber nicht wie Sacha Guitry, der Frauenfeind, andeutete: »Die Ketten der Ehe sind so schwer, dass man sie zu zweit tragen muss ... manchmal sogar zu dritt« – soll heißen, in jedem Schrank versteckt sich ein Liebhaber. Hier bedeutet Liebe zu dritt, dass man die Beziehung selbst zur dritten Person macht, die man zärtlich hegt und pflegt: Es gibt Sie, es gibt ihn, und es gibt uns. Man ist mit seiner Beziehung »verheiratet«. Andere sind mit ihren Kindern verheiratet, mit ihrer Arbeit ... Wir dagegen haben beschlossen, zu zweit zu bleiben, und das ist gut so! Und wir tun alles dafür: Er ist unser Firmament, wir sind sein Fixstern, und nicht einmal sämtliche Glühbirnen des Eiffelturms können unsere Liebe überstrahlen. Liebe ist so unendlich komplex, dass Ihnen nie langweilig wird. Wetten?

Die Goldene Regel:

Eine Beziehung besteht nicht nur aus Kindern, sondern aus dem, was man sich zusammen aufgebaut hat. Was die anderen machen, ist uns völlig schnuppe. Die Französinnen haben lange den Rekord im Kinderkriegen gehalten? Und wenn schon. Ihre Liebesgeschichte schreiben Sie ganz allein. Vertrauen Sie Ihrem Erfindungsreichtum!

Außergewöhnliche Paare

Alle Liebenden habe ihre eigene Geschichte, und alle Liebenden erfinden sich ein eigenes Universum, ohne sich dabei um den Rest der Welt zu kümmern. Diese legendaren Paare sollen Ihnen Lust darauf machen, Ihre Liebe so zu leben, wie Sie es wollen!

Balzac und seine polnische Gräfin Ewelina Hanska

Die beiden haben sich jahrelang nicht getroffen, sondern sich nur mittels ihrer Korrespondenz geliebt. Mehr als vierhundert Briefe in achtzehn Jahren, von denen sie sechzehn aufeinander gewartet haben. Schließlich haben sie sechs Monate vor dem Tod des genialen Verfassers von *Die menschliche Komödie* geheiratet.

Philippe Sollers und Julia Kristeva

Keine Kinder und eine Liebe frei wie der Wind. Zutiefst unabhängig betrachteten der berühmte Schriftsteller und die Psychoanalytikerin ihre Liebe als ein andauerndes Gespräch, als ein von der Zeit geschaffenes Kunstwerk. Und Treue? Ist »eine Harmonisierung des Fremden«. Und das bei fast fünfzig Jahren Ehe!

Bernard-Henri Levy und Arielle Dombasle

Schön, fast zu schön für ein Foto, scheinen diese beiden von der Zeit unberührt zu sein, nur von Luft und Liebe, Ideen und Musik zu leben (und in Arielles Fall von Tee und Mandeln). Eine ätherische Liebe, überraschend, frei und verrückt!

Valeria Bruni Tedeschi und Louis Garrel

Sie hat eine zarte, brüchige Stimme, eine Verletzlichkeit zum Dahinschmelzen, und er besitzt eine Schönheit, die selbst die abgebrühteste Prostituierte zum Erröten bringt, wie der große Michel Sardou sagte. Und er ist fast zwanzig Jahre jünger als sie. Die Regisseurin und der Schauspieler haben zusammen ein kleines Mädchen adoptiert und leben seit zwanzig Jahren mehr als glücklich zusammen, mit einer königlichen Verachtung für das Geschwätz der Leute!

Serge Gainsbourg und Brigitte Bardot

Er hat sie wunderschön besungen in *Initials BB*, sie hat für ihn *Je t'aime moi non plus* gestöhnt, gemeinsam haben sie das Duett *Bonnie und Clyde* aufgenommen, und er schrieb *Harley Davidson* für sie. Die Liebe zwischen dem Poeten, der sich selbst unansehnlich fand, und der schönsten Frau der Welt hat die Zeit geprägt, und das, obwohl sie nur drei Monate gedauert hat. Doch Zeit spielt ja bei so etwas bekanntlich keine Rolle.

Verlaine und Rimbaud

Verlaine war nicht nur hässlich, sondern obendrein auch noch verheiratet, als er sich Hals über Kopf in den siebzehnjährigen Arthur Rimbaud, das wilde, wortmächtige Wunderkind, verliebte. Innerhalb von zwei Jahren dichteten Paul und er einige der schönsten Verse der französischen Literatur. Bis Verlaine seinen Geliebten eines Tages in Brüssel durch einen Schuss in die Hand verletzte, woraufhin er ins Gefängnis kam und Rimbaud bald darauf im trunkenen Schiff ans andere Ende der Welt floh. »O traurig, traurig war meine Seele ...« Trotzdem: Danke für die Poesie!

All unsere Freunde lassen sich scheiden, und wir?

»Man liebt nur einmal wirklich«, sagt Mercedes zum Grafen von Monte-Christo, der ihr immer noch treu ergeben ist, nachdem er all die Jahre im Gefängnis von ihr geträumt hat. Und doch, nach vierzig Jahren sind viele Ehen bereits Geschichte: Anscheinend sind nicht wenige Ihrer Freunde der Ansicht, man könne sehr wohl mehr als einmal lieben, vielleicht sogar noch öfter! Sie trennen sich einer nach dem anderen von ihren Partnern, so wie sich die Blätter im Herbst auf dem Friedhof Père-Lachaise von den Bäumen trennen. Die Statistiken beweisen es. Mehr als eins von zwei Paaren lässt sich scheiden. Und was, wenn auch Sie dem Lockruf des Unbekannten erliegen, der Sehnsucht nach einem neuen Leben mit einem anderen, wie Vincent Cassel und Monica Bellucci oder Johnny Depp und Vanessa Paradis, nach zwanzig Jahren und all den gemeinsam durchgemachten schwierigen Zeiten? Selbst das scheinbar unsinkbarste Paar kann untergehen.

Achtung: Scheidungen können ansteckend sein, und nicht immer zu Recht! Menschen, die eine Krise durchmachen und am Ertrinken sind, neigen dazu, andere mit in die Tiefe zu reißen, nur um nicht allein unterzugehen. Und so wird die gute Freundin, sobald sie wieder festen Boden unter den Füßen hat, kräftig die Werbetrommel für ihr ach so traumhaftes Singledasein rühren, und sei es nur, um sich selbst davon zu überzeugen! Versuchen Sie also, das Gleichgewicht zu halten: Meiden Sie Ihre geschiedenen Freunde nicht wie die Pest, lassen Sie sich aber auch nicht zu sehr von ihnen beeinflussen, aus dem Alter sind Sie heraus. Aber vor allem schützen Sie Ihre Beziehung, denn nur Sie wissen, was sie gesund und am Leben erhält.

Die Goldene Regel:

Man stellt seine Beziehung regelmäßig auf den Prüfstand und trifft seine Wahl erneut, frei und unbeeinflusst. Bleibt man nur noch aus Gewohnheit zusammen? Wenn er, wie Balzac zu seiner polnischen Gräfin, zu Ihnen sagt: »Du verströmst für mich den berauschendsten Duft, der einer Frau zu eigen sein kann« (na ja, ganz so wird er es vielleicht nicht ausdrücken), schmelzen Sie dann immer noch dahin? Lautet die Antwort ja, geht Ihr Abenteuer umso gestärkter weiter, und zwar, weil Sie es so entschieden haben!

Test:
Lieben Sie sich immer noch?

Untrügliche Anzeichen: Es ist Liebe, wenn ...

Sie immer noch **ungeduldig auf das Geräusch seines Schlüssels im Schloss warten**.

Sie es schaffen, **ihm nicht den Kopf abzureißen** und ihn immer noch zärtlich anzusehen, obwohl er ständig Dinge tut, die Sie auf die Palme bringen, wie den Toilettendeckel nicht herunterzuklappen, seinen Barttrimmer im Waschbecken liegen zu lassen, sich mit einer uralten Zahnbürste die Zähne zu putzen, die Zeitschriften in den normalen Müll zu werfen ...

Er Ihnen per SMS schreibt »Bin gleich da«, und Sie **völlig entspannt bleiben**, obwohl Sie wissen, dass das so viel heißt wie »Ich muss noch zwei Akten fertigmachen«.

Er Sie vor dem Schlafengehen küsst und sein Geruch immer noch **Glücksgefühle** in Ihnen hervorruft.

Sie **heulen könnten**, wenn Sie sich streiten.

Sie sich freuen, weil **die Kinder ihm so ähnlich sehen**.

Sie immer noch Lust haben, **allein mit ihm wegzufahren**, ohne Freunde, ohne Kinder, ohne Familie ... nur Sie beide.

Ihr **Herz einen kleinen Satz macht** und Sie Flugzeuge im Bauch haben, wenn Sie eine Nachricht von ihm auf Ihrem Handydisplay sehen.

Sie **viel zusammen lachen, sogar am frühen Morgen**, wenn Sie es eilig haben oder wenn es regnet.

Sie **seine kleinen Aufmerksamkeiten zu schätzen wissen**: den Kaffee, den er Ihnen macht, mit viel Milch, so, wie Sie ihn lieben.

Sie immer noch Lust haben, ihm am Tag **30 SMS zu schreiben** – über Banalitäten.

Sie die **Ankündigung für eine Filmpremiere**, eine Oper, eine Wiederaufführung von *Singin' In The Rain* im Théâtre du Châtelet oder ein neues Restaurant sehen und am liebsten mit ihm hingehen möchten.

Er betrügt mich, ist das das Ende?

Sein Handy piepst, als er unter der Dusche steht. Unter dem Namen »Elektriker Square Trousseau« steht: »Danke für den wunderbaren Abend. Ich liebe dich, ruf dich morgen an.« Es ist wie ein Schlag in die Magengrube, Ihre Knie geben nach, und Sie versuchen, das Ganze zu begreifen: Er liebt eine andere. Wie reagiert man darauf? Als gute Pariserin kennen Sie Sartres und de Beauvoirs Konzept von der »freien Liebe«: »Unsere Liebe ist eine notwendige, aber wir werden auch nebenbei andere, zufällige Lieben leben können.« Nein und nochmals nein, Sie verehren Simone, aber davon wollen Sie nichts wissen.

Was sollen Sie tun? Den Kopf in den Sand stecken? Keine gute Idee. Die Argumente falscher Besonnenheit (es ist nur ein Strohfeuer, das kommt schon mal vor ...) überdecken das Leid, aber Sie werden ihm nachspionieren, alles anzweifeln, verrückt werden! Ihn damit konfrontieren? Ihn fragen, warum, wo, wie oft? Das ist menschlich, aber dadurch werden Sie auf die Schnelle nur Antworten bekommen, die keine sind. Gehen? Das wäre der verhängnisvollste Ausweg. Indem Sie beschließen, sich Ihre Freiheit wiederzuholen, weil er sich derart hässliche Freiheiten herausgenommen hat, machen Sie es auch nicht ungeschehen. Ihn vor die Tür setzen? Das wäre unsere Empfehlung. Erstens tut es gut, seine Wut rauszulassen. Zweitens bewahren Sie dadurch Ihren Stolz und es gibt ihm die Gelegenheit, um Sie zu kämpfen. Sie haben Ihre Prinzipien, und Sie sind verletzt, aber Sie wissen erst, ob Sie ihm verzeihen wollen, wenn er mit einem Strauß Blumen in der einen Hand, die andere auf das Herz gelegt, auf dem Treppenabsatz steht. Es sind Pfingstrosen, Ihre Lieblingsblumen. Öffnen Sie die Tür oder nicht?

Die Goldene Regel: Erfinden Sie Ihre Beziehung neu. Natürlich ist Fremdgehen ein Verrat, und darüber hinwegzukommen, kann einige Zeit dauern. Aber die perfekte Beziehung gibt es nicht. Niemand kann Ihnen in diesem Punkt Ratschläge erteilen, und es wäre vielleicht eine Gelegenheit, Ihren eigenen Pakt zu schließen und auf diesem Bruch Ihre Liebe neu aufzubauen, bis sie noch stärker und schöner ist als zuvor.

So macht's die Pariserin:

NEHMEN SIE SICH BARON HAUSSMANN ZUM VORBILD

Sich neu zu erfinden ist der Schlüssel. Paris wäre bis heute eine kleine mittelalterliche Stadt mit schmutzigen Straßen geblieben, hätte der Präfekt von Paris nicht beschlossen, den Parisern »Wasser, Luft und Schatten« sowie herrliche Aussichten wie die auf die Avenue de l'Opéra zu schenken. Manchmal muss man akzeptieren, dass das Alte verschwindet, damit etwas Neues, Besseres entstehen kann. In der Beziehung gilt das Gleiche, man geht vorwärts, zerstört und baut wieder auf.

Wir sind seit zwanzig Jahren zusammen, und ich kann immer noch nicht genug von ihm bekommen ... Bin ich naiv?

»Liebe geht vorbei wie ein Gewitter«, schrieb Maupassant. Ach ja? Dann muss die Ihre eine Art Sintflut sein, denn Sie lieben ihn immer noch wie am ersten Tag, den großen Blonden, den Sie zufällig auf den Stufen des Place Dauphine getroffen haben. Vielleicht sogar noch mehr. Sie haben gemeinsam alle Klippen umschifft und sind zu jenem halb mustergültigen, halb coolen Paar geworden, das Ihren Freunden als Vorbild dient, die beeindruckt sind von Ihrer Mischung aus Ausdauer und Leichtigkeit sowie der Art, wie Sie das Leben Seite an Seite bestreiten. Sie sind in den Augen aller das »Paar mit dem grünen Daumen«: Sie lassen die Liebe unter Ihren Händen erblühen, wachsen und gedeihen wie Blumen. Die Liebe ist eine Kunst, die Sie gemeistert haben, Sie haben also allen Grund zur Freude!

Aber das heißt noch lange nicht, dass Sie unbedarft sind. Ihn heute noch mehr zu lieben als gestern macht Sie weder naiv noch zu einer unkritischen Schwärmerin. Im Gegenteil, Sie sind eine ziemlich klarsichtige Frau. Um zusammengeschweißt zu bleiben braucht man andere Talente als Sentimentalität. In der Liebe ist es wie in der Freundschaft, man muss sie pflegen. Mit einer guten Portion Nachsicht (seit zwanzig Jahren lässt er sein nasses Handtuch herumliegen, aber Sie heben es nicht einmal mehr auf), Toleranz (nicht nötig, wegen des geplatzten Zahnarzttermins einen Streit vom Zaun zu brechen), geteilten Vorlieben (das ist Ihr sechster Liebesurlaub in Positano), Kompromissen (wenn auch nicht allzu vielen) und Sex, denn das macht eine Beziehung aus, sonst wäre Ihr Mann wie Ihr Cousin, ein Familienmitglied, das Sie gern mögen. Eine funktionierende Beziehung ist ein Geschenk des Himmels ... es gehört aber auch eine gute Portion Willenskraft dazu. Seien Sie also stolz auf sich!

Die Goldene Regel:

Akzeptieren Sie, dass Sie ihn lieben! Die Pariser Statistik spricht gegen Sie, na und? So sehr Sie Paris lieben, Sie lehnen den pseudo-coolen Zynismus ab, der besagt, dass eine Liebe nach drei Jahren vorbei ist. Und was, wenn es Punk ist, seit einer halben Ewigkeit denselben Mann zu lieben, oder – warum nicht? – für immer?

Kann man sich zweimal in denselben Mann verlieben?

Auf dieser Wanderung zu zweit haben sich glückliche Jahre und Turbulenzen abgewechselt, und manchmal wurden wir vom Leben und von dieser stürmischen, koketten Stadt ganz schön durchgerüttelt. Wir haben schon erlebt, dass eine Frau sich nach einem ziemlich verdächtigen Anruf von einer Unbekannten von ihrem Mann getrennt hat, und als sie ihn nach ihrer Flucht irgendwann in den frühen Morgenstunden auf der Pont des Arts wiedertraf, sind sie sich dort, am Ort ihres ersten Rendezvous, schluchzend in die Arme gefallen ... Und haben sich erneut verliebt, mit klopfendem Herzen, genau wie beim ersten Mal.

Wir wissen auch, dass man sein ganzes Leben lang denselben Mann lieben kann, weil jeder so komplex ist, dass man sich in seine diversen Facetten verknallen kann, in eine nach der anderen. Als die Beziehung noch jung war, haben Sie die Originalität Ihres stürmischen Liebhabers bewundert. Bei der Geburt der Kinder waren es seine starke Schulter und seine Bereitschaft, durch halb Paris zu fahren, um Hustensaft zu kaufen. Und als die Kinder größer wurden, waren Sie von seinem Talent verzaubert, selbst eine Tageszeitung zum Spielzeug umzufunktionieren. »Die Beständigkeit in der Liebe ist eine immerwährende Unbeständigkeit, die da macht, dass sich unser Herz an alle Eigenschaften unserer Geliebten, eine nach der anderen, hängt«, schreibt La Rochefoucauld in seinen genialen *Maximen*. Alle Gesichter des Partners zu lieben – seine Fehler wie seine Vorzüge –, das ist das Geheimnis der Liebe, die die Zeit überdauert.

Die Goldene Regel: Der Teufel steckt im Detail? Das Glück ebenfalls. Man nimmt sich Zeit, um bei allem die kleinen Eigenheiten des Gefährten zu bewundern, die das Leben erst lebenswert machen: beim Buchen der Ferien, beim gemeinschaftlichen Weinen in der Oper, bei einem verstohlenen Kuss, oder vielleicht rührt Sie selbst der Klang seiner Stimme ...

So macht's die Pariserin:
DIE MÄANDERNDE SEINE

Verschlungen wie unsere Liebe, mal schäumend, mal anschwellend,
oft heiter und gelassen, kann die Seine uns als Quelle der Inspiration
dienen. Breit in Bercy, schnurgerade am Quai de Montebello, mal tief
oder auch nicht, grün oder silbern, ist sie ein Spiegelbild von uns, bereit,
sich jederzeit zu wandeln und anzupassen und es trotz aller Widerstände
bis zum weiten Meer zu schaffen. Schönheit, die sich bis in
die Endlosigkeit erstreckt!

Epilog:

Wir waren uns nicht immer einig

Als wir angefangen haben, unser Buch über die Liebe zu schreiben, haben wir viel gelacht und gedacht, das wird ein Kinderspiel. Danach haben wir uns irgendwie entblößt gefühlt und hatten den Eindruck, dass die anderen ganz anders gestrickt sind als wir ... Und uns wurde bewusst, wie einzigartig jede von uns ist und dass unsere Reaktionen die anderen verunsichern können. Bei den Diskussionen zwischen Eva, die nichts lieber tut, als Männern gegenüber die Prinzessin zu spielen, Claire, die sich nie gehenlässt, um die Sexbombe zu bleiben, die sie ist, und für die ihre Ehe immer an erster Stelle kommt, und mir, der Hardcore-Romantikerin, immer auf der Suche nach einem Ausbruch aus dem Alltagstrott, ging es witzig, aber auch sehr hitzig zu. Und das war gut so. Als gute Freundinnen haben wir unser Herz sprechen lassen. Deshalb sind unsere Antworten wert, was sie eben wert sind, aber egal was Sie tun, vergessen Sie nie, dass es immer das Beste ist, seinem Instinkt zu vertrauen. Das mag klischeehaft klingen wie eine Fahrt mit dem Bateau-Mouche über die Seine, aber es stimmt. Der Beweis? Wir sind alle drei glücklich, obwohl wir uns in den folgenden Punkten überhaupt nicht einig waren.

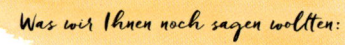

Was wir Ihnen noch sagen wollten:

Es ist nicht schlimm, wenn ...

man den morgendlichen Badbesuch nutzt, um sich diskret die Zähne zu putzen.

....

man beim Gedanken an Sextapes »Igitt« schreien möchte, oder wenn man von einer Golden Shower träumt ...!

....

man auch als Erwachsener seine SMS noch mit Smileys spickt.

....

man ihm am ersten Abend betrunken seine ganze Kindheitsgeschichte
erzählt und sich an seiner Schulter ausheult.
....

man weiß, wo der Glasreiniger und der Staubsauger sind,
wie man eine Sauce béarnaise macht, und kurz davor steht, Hausschuhe
genauso trendig zu finden wie Gucci-Pantöffelchen.
....

man nie das Bedürfnis verspürt, einen anderen Mann
zu küssen.
....

man oben ohne über sämtliche Strände Frankreichs spaziert.
....

man den Typen anruft, der nie zurückgerufen hat – man weiß ja nie …
....

man auf kleine, fette Glatzköpfe steht.
....

man für zwei Tage nach Buenos Aires fliegt und am Ende kaum etwas
dabei herauskommt …
....

man ein Sexting-Sexphone-Sexfie-Sexfriend ist.
....

man sich den ganzen Tag Dinge sagt wie »Ich bin verrückt vor Liebe
nach dir, mein Liebling, ich habe noch niemanden so vergöttert wie dich,
du bist die Liebe meines Lebens, mein Seelenverwandter,
mein ganzes Glück!«
....

man sich beim Liebemachen keine Schweinereien
ins Ohr flüstert.
....

man sein erstes gemeinsames Wochenende ganz allein
in einem gottverlassenen Nest wie Roubaix verbringen.
....

man auf die altmodische Art mit Brautjungfern in Rosa
heiraten möchte.
....

man down ist, weil man eine ganze Woche nicht ausgegangen ist, und
sich zwingen muss, in die Disco zu gehen wie ein alter Spießer.
....

man nie einen Fuß in einen Sexshop setzen würde.
....

man in zueinander passenden Jogginghosen ins Einkaufszentrum shoppen
statt joggen geht.
....

man sich die Brust vergrößern lässt, weil man sich
im Grunde seines Herzens eher wie eine Römerin fühlt
als wie eine Pariserin.
....

man nur einen Mann in seinem Leben hat.
....

man Tausende hat.
....

man (noch) keinen hat.

Die Autorinnen

Florence Besson

40, Journalistin bei der *ELLE*. Eine Reportage über den Irak, ein Interview mit Hillary Clinton ... aber vor allem stundenlange Gespräche mit Pariser Freundinnen über die Liebe! In den frühen Morgenstunden mit einem obdachlosen Rocker auf einer Parkbank Gedichte rezitieren, direkt vom Nachtclub aus in die Messe gehen, sich an einer Seine-Brücke, an einem Baum oder einer Begegnung auf einem der Dächer von Paris berauschen ... Sie lässt nichts aus, um ihr Leben wie einen Liebesroman zu leben. Klingt kitschig? Keineswegs! Schließlich hat sie ihr Glück gefunden! Paris ist ihr Fest!

Eva Amor

39, Anwältin. Eine, die niemals verurteilt und immer verteidigt! Arbeit, Herzblatt, Baby ... Sie hat nie Zeit, aber nimmt sich stets welche, wenn Freunde ihren Rat brauchen. Sie kennt sich aus mit der Liebe, ihren Überraschungen und Komplikationen, und als sinnliche Strategin pfeift sie auf Prinzipien und Moral. Stichhaltig, unbestechlich und vor allem frech hat sie für jeden einen Tipp, egal ob Single oder im siebten Himmel. Ein wenig Snob, wie es sich gehört, ein wenig Prinzesschen, aber mit viel Selbsthumor, kurzum, als Pariserin mit Leib und Seele spielt sie den Meister Yoda der Pariser Verliebten. Und wenn man schon Amor heißt ...

Claire Steinlen

42, Journalistin bei *Clés* und *Télégramme*. Vier Kinder, und jetzt? Jetzt trifft man sie in ganz Paris – in den neuesten Restaurants, den Grand-Hotels und auf Ausstellungen, wo sie im Minirock Leonardo DiCaprio und andere interviewt, bevor sie den Feierabend mit einem Mann genießt, der ihr auch nach zwanzig Jahren noch den Kopf verdreht. Egal ob Sextoys oder Sophie la Girafe: Die Autorin eines Eheratgebers – *10 gute (oder schlechte) Gründe zum Heiraten* – ist auf allen Gebieten sattelfest. Eine dauerhafte Beziehung bedeutet harte Arbeit? Ja, aber vor allem gemeinsames Kaputtlachen. Mama mia!

Die Illustratorin

Sophie Griotto

Sie begann ihre Karriere damit, in Paris Storyboards für Filme von Dior und Jean-Paul Gaultier zu zeichnen. Heute, mit 40 Jahren, ist sie eine international anerkannte Mode-, Werbe, Presse- und Buchillustratorin.

Zusammen mit ihrem Liebsten, der na, woher wohl? – aus Paris stammt, lebt sie glücklich im sonnigen Südfrankreich, wo sie geboren wurde.

Doch ihre größte Inspiration sind noch immer Paris und die Pariser Frauen: »Ich beobachte die Frau von heute sehr genau, habe einen sensiblen Blick für sie entwickelt. Ich achte vor allem auf Details und auf ihre Haltung, wenn ich ihre Persönlichkeit und ihre Individualität unterstreichen will.«

Danksagungen

Ein großes Dankeschön an Édouard Dutour für seinen unvergleichlichen Esprit, seine Intelligenz, seine Freude am Austausch, seine einzigartige Liebenswürdigkeit, seinen verrückten Humor sowie sein mehr als sorgfältiges Lektorat.

Florence Besson dankt ...

- Meiner Großmutter (der ich dieses Buch niemals zu lesen gegeben hätte!), doch deren Liebe mich Tag für Tag durchs Leben trägt. Dafür, dass sie mich lehrte, mich ebenso an einem Gedicht zu erfreuen wie an der Schönheit eines Apfels oder einem Lichtstrahl in den Bäumen.
- Meiner Mutter Marie Berrondo Agrell, für ihre Freiheit und ihre kokette Art in jedem Lebensalter. Meinem Vater Jacques Besson, der stolz wäre. Meinen Geschwistern Paul, Caroline und Béatrice, die mir immer Mut gemacht haben. Ihren lieben Kindern.
- Meinen Freunden, ganz besonders Émilie C., Émilie L. und Laurence S. für ihre kostbare Freundschaft und ihre Offenheit, die mir sehr viel bedeutet. Aber auch allen anderen ... für ihre wertvollen Ratschläge, ihr Lachen und ihre Zugewandtheit.
- Meinen Kolleginnen und Kollegen sowie der *ELLE* selbst, die eine Familie ist (ja, doch!), in der ich gern groß werde. Olivier fürs Mutmachen, Chantal für ihre Hilfe und Sophie fürs Pariserin-Sein. Und den Ehemaligen: Erin Doherty für ihre Lebensfreude und ihr »C'est pas gravei« (geklaut bei *Glamour!),* sowie Santiago Boutan, der den Surfstrand verlassen hat, um uns mit seinem so messerscharfen, feinen und erhellenden Blick zu unterstützen.
- Meinen beiden Co-Autorinnen und dicken Freundinnen Eva Amor und Claire Steinlen: Wir waren uns nicht in allen Punkten einig, aber wir haben unser Bestes gegeben, um allen Verliebten in Paris (und anderswo) mit gutem Rat zur Seite zu stehen! Elsa Lafon, dafür, dass sie an dieses Buch geglaubt hat, sowie dem ganzen Team von Michel Lafon.
- Lionel S. für Liebe, Freude und Glück ... und noch so vieles mehr!
- Und natürlich Gribouille, die mich in jedem Moment aufs Neue verzaubert.

Eva Amor dankt ...

- Florence Besson, die weiß, wie man Freude entfacht, und ohne die es dieses Buch nicht gäbe!

- Claire Steinlen, 1,75 Meter Lächeln und Wohlwollen.
- Benjamin Helbert, meinem Geliebten und Superhelden.
- Mila, meiner Zuckerschnute, die noch zu klein ist, um dieses Buch zu lesen, das sie eines Tages vielleicht zum Lachen bringen wird.
- Meinem Vater Max für seinen Sinn für Humor und meiner Mutter Bella für ihr großes Herz.
- Meiner Familie: Onkeln, Tanten, Cousinen, Cousins, Esther und meinem kleinen Bruder Marc-Élie.
- Meiner »Schwiegerfamilie«, die ein Rezept für einen fröhlicheren Alltag erfunden hat: Jean, Marie-Line, Maxime, Anne-Sophie, Victor und Clémence.
- Meinen Freunden mit ihren scharfen Sinnen und ihrem spitzen Humor, für alles, was sie mir geben und was wir noch miteinander erleben werden: Riccardo Beolchi, Charline und Sidney Bouvier, Nicolas Catania, Myriam Delawari, Édouard Dutour, Guillaume Dolisi, Rym El Mati, Elvire Emptaz, Manuel Jeanne, Éléonore Klar, Sophie und Christopher Lalloz, Johann Nouveau, Justine Nouveau, Émilie Segault. Besonders erwähnen möchte ich die liebe Valérie Dargaud und Émilie Glavany, mein Kompass.
- Philippe Danesi – sagt Frenchy.
- Der Pariser Clique, die immer Paris bleiben wird: Marie, Anne-Laure, Antoine, Céline, Claire, Élodie, Fabien, Franck, Jenn, Maeva, Maxime, Ben, Tom und Agathe.

Claire Steinlen dankt …

- G., meinem Liebsten, dafür dass er mir all die Jahre treue Dienste als Versuchsobjekt geleistet hat und ich dank ihm heute eine ganz gute Paar-Entomologin bin, aber auch für seine Geduld und dafür, dass er erkennt, wann er sich am besten die Kinder schnappt und mit ihnen verschwindet, damit ich arbeiten kann.
- Ich danke auch ihnen, Achille, Melvil, Alma und Romy, die die Laserschwertkämpfe und Kissenschlachten zugunsten friedlicherer Aktivitäten bis auf weiteres eingestellt haben.
- Ich danke meinen Co-Autorinnen Florence und Eva für die abendlichen Arbeitssessions bei Sushi im Büro oder bei Gambas im Blue Cargo …
- Maman danke ich für ihr inspirierendes Vorbild in Sachen Partnerschaft.
- Ein Dank geht auch an meine treuen Wegbegleiter Capucine Steinlen, Sabrina Bellucci, Karina Si Ahmed, Sandra Teurlay, Emma Joly, Sarah Isal, Nadège Buffe, Vanessa Lalande, Benjamin de Lapparent, PK … und unserem Familien-Psychiater Marc Gabbaï und seiner Muse Fanny.
- Und zu guter Letzt möchte ich all jenen danken, die mich tagtäglich an ihren Erfahrungen mit der Liebe teilhaben lassen und die mir ihr Herz geöffnet haben!

Inhalt

Zugabe, Zugabe! Es geht weiter ...

Jahre des Glücks

Ullstein extra ist ein Verlag der Ullstein Buchverlage GmbH
www.ullstein-extra.de

ISBN 978-3-86493-047-8

© Michel Lafon Publishing, 2016
Titel der französischen Originalausgabe: *L'amour à la parisienne* (Michel Lafon)
Umschlaggestaltung: © Favoritbuero GbR, München
Umschlagmotiv: © Jessica Durrant / getty images
Illustrationen im Innenteil: Sophie Griotto
Autorenfotos: © privat
Typografie und Satz: Annika Preyhs | buchstabenplus
Gesetzt aus der Berkeley Oldstyle und der Freeland
Druck und Bindearbeiten: Kösel, Krugzell
Printed in Germany